Technology
Art
Entertainment
Business

U0118646

柏室

所關心的是

科技、藝術、娛樂、商業 這四位一體的「複合人」

怎麼 在 社會上走動

再來 是 慢跑

最終

像 空氣 般 存在 _____

Both Techart is interested in individuals
who are able to combine the four
areas of: technology, art, entertainment, and business.
How do they start to walk amongst society.
And then how to begin to run.
Finally they exist in a translucent state.

Publisher 發行人

目錄

第一章 海上花落

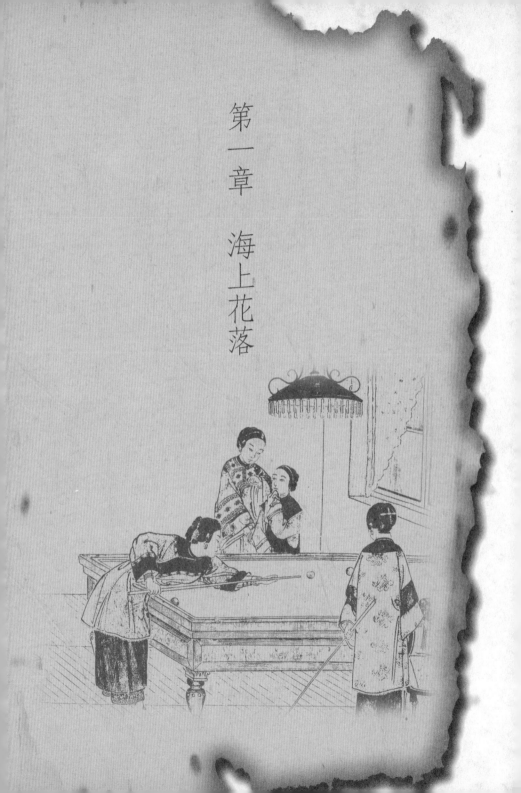

全埠地圖

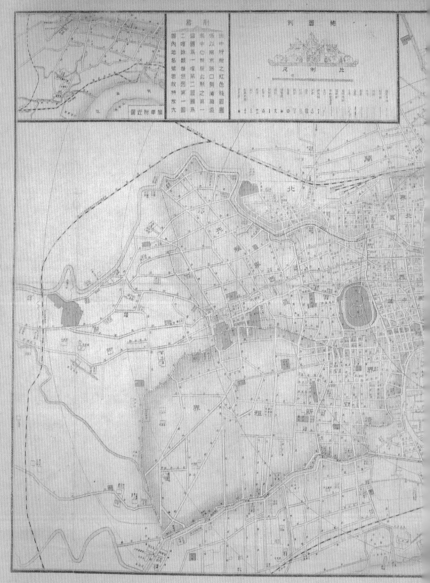

書局印行

最新上海

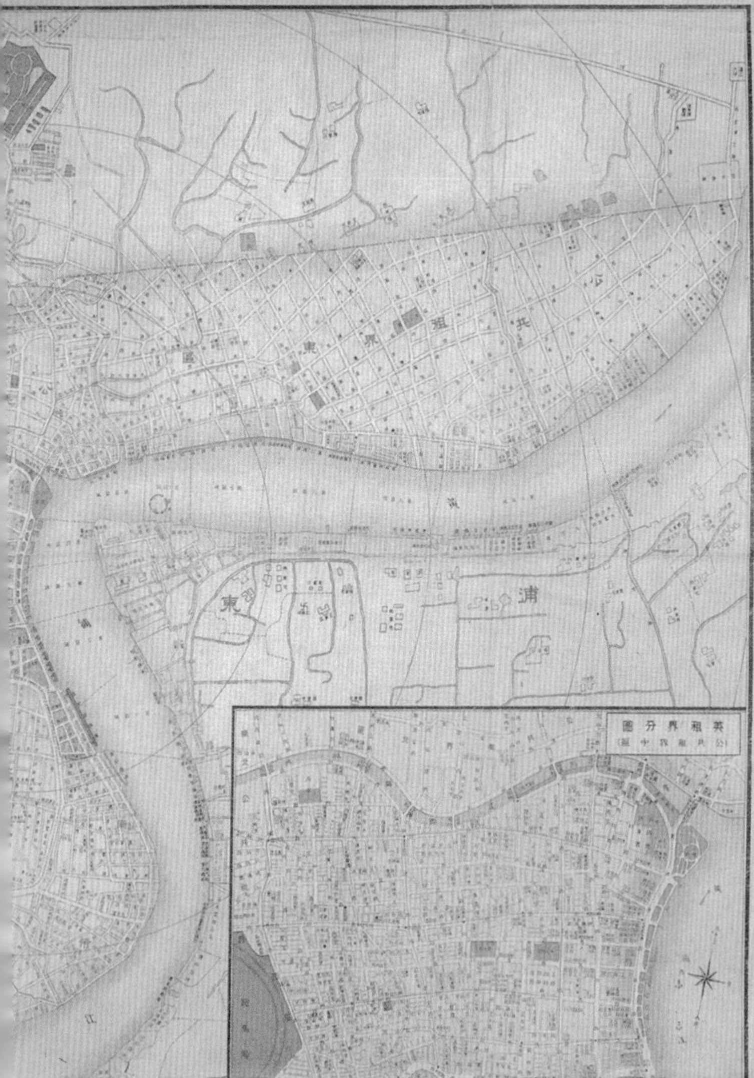

東共租界

東

浦

英租界分圖
(公共租界中四區)

上海

英租十四年十二月下旬

麗
人
行

上海開埠之初，大量外國資本迅速湧入，洋行由最初的十一家，十年之後就發展到了一百二十多家。不僅如此，國內資本也大量集聚到租界，特別是在戰亂年代裡，租界的「獨立」所形成的特

（海上）ゲンイデルビイェウ ドーロブ附ヂツリブ ンデーガ
VIEW OF BROAD WAY BUILDING NEAR GARDEN BRIDGE (SHANGHAI)

百老匯大廈

福州路上的茶樓

殊狀態，使它能夠提供相對安定的生活，因而具有極大的吸引力，不僅是貧苦民眾，不少地主士紳、富商巨賈乃至失意官僚和退役軍官等等也進入租界，這些人往往挾巨資而來，在租界或其附近經營各種行業。這樣，華洋混雜，大量匯聚租界，形成人口鼎盛、百業興旺的繁榮局面。

這種繁榮在太平天國革命興起後，隨著租界的發展，上海的人口有了一次突破性的增長，公共租界的人口從1855年的兩萬餘人增加到1865年的九萬餘人，法租界也增加了四萬餘人。上海從一個濱海之邑，演變為繁盛之地，除了各業店舖林立之外，為商賈服務的行業，如茶館、酒店、戲園，直至青樓業也漸次發展了起來。中國對外貿易中心北移，上海遂取代了廣州，成為全國對外貿易的中心。

錢財的進入，雖然使上海迅速集聚了大量的開發資金，但是因為最初來的多是商人，上海曾經一度被認為是「文化沙漠」，直到

名妓「十美圖」

大批江南文人被太平天國趕到了昔日文化中心的邊緣，上海才有了開埠後的第一批知識份子。

太平天國實行男營女營，禁止宿娼。一時，秦淮名妓、蘇揚畫舫紛紛南下十里洋場。

早期的長三妓院，主要分布在四馬路（今福州路）上的東西兩條薈芳里，以後逐漸向三馬路（今漢口路）、六馬路（今北海路）發展。到1918年底，上海僅高級娼妓長三的人數就已達一千二百二十九名，如果以每個妓女配有一至二名娘姨大姐計算的話，其從業人數之眾即可想而知了，而滬

病重的姑娘

10

愚園大假山

上妓院也有了「甲于天下」的「聲譽」。

　　江南的文人們既到了夷場，自然難免從事夷務，雖還是寫寫弄弄文化方面的工作，他們卻從替人編書辦報、翻譯開始，一步一步自己獨立創辦起報紙、出版社，也有一些成為自由撰稿人，很快掌握了媒體，控制了大眾輿論。

　　在歷史上妓女和文人共同譜寫過無數風流佳話，兩者之間本來就有著非同一般的關係，此時，對雖然無財卻掌握著傳媒的文人們，滬上名妓更是青睞有加。於是，名士理所當然地以文回報美人，「評花品葉」很快成了晚清滬上小報的主旋律，其中最有社會效果的莫過於在報紙上評花榜。雖說開花榜的輩氣早在江南就有，但晚清的上海通過傳媒的炒作，將這一活動廣泛推向民間，成為了社會關注的一項大眾選美娛樂。首創「評花榜」的是1897年的《遊戲報》，由於報紙的渲染，花榜揭曉當天，市民奔走相告，報紙銷量大增，報館還雇有鼓樂隊將匾送至當選妓女的書寓中報喜，報喜

11

福州路

的形式同狀元及第差不多。

　　這一由文人創意、發起、操辦的花國盛事，別開生面，具有極大的廣告效應，當選妓女的生意，比以前好了不知道多少倍，身價也隨之飆升，妓女因此無不爭著與文人相交，四馬路一時成了書寓和報館並立的「文化街」。

　　俗稱四馬路的福州路，是當時上海最熱鬧的地區，中市的青蓮閣，樓上賣茶，樓下百戲雜陳，什麼西洋鏡、小電影、打彈子等玩意兒，應有盡有。每到晚上，妓女紛紛在這兒來來往往，招引遊蜂浪蝶，所以吳友如畫報有《華眾會啜茗品艷》圖幅，列為洋場景色之一。華眾會即是青蓮閣的舊名，韓子云所寫的《海上花列傳》中也曾一再敘及。

　　兼任愛國公學庶務的徐敬吾，綽號野雞大王，在青蓮閣的下屋就開有一家書店，專售傾向革命的書籍，如《自由血》、《女界

Chan-su-ho Garden Shanghai.

張園

鐘》、《駁康有為政見書》、《猛回頭》等，大都出於章太炎、金鶴望、鄒容、陳天華諸人手筆。

　　就連滬上幾家著名園林的名氣，很大程度上也是由晚清的名士美人、還有稍後的革命黨人打出來的。它適時提供了一個城市在都市化發展過程中所必需的自由聚會場所，同時也形成了一個展示時髦的場所。張園、愚園等日日迎來送往著無數的時髦男女，當時的滬上名妓只要有空，就會盛裝打扮，坐了馬車去那裡坐一坐，走一走，

張園

13

《點石齋畫報》

說不定晚上就會有新客人去四馬路上她的書寓。

　　味　園，原來是洋人私苑，後來歸無錫張叔和所有，乃有張園之稱。《海上花列傳》第九回寫著羅子富、黃翠鳳把馬車馳到大馬路斜角直奔靜安寺，一轉瞬間，明園在望，這就是張園了。「園中芳草如繡，碧桃初開，聽那黃鸝兒一聲聲，好像叫出江南春意。天朗氣清，惠風和暢，車轔轔，馬蕭蕭，各占著亭台軒館的座兒，但見釵冠招展，履舄縱橫，酒霧初消，茶煙乍起，比極樂世界無遮會還覺得熱鬧些」。遊客就在這兒喝茶、吃飯，有什麼集會、演說、跳舞、宴樂，都在這兒舉行。辛亥革命之初，孫中山先生從海外歸國，也在這兒受各方面的集會歡迎，他發表演說，當晚便到南京去就任臨時大總統。張園雖是妓童姝女的談情之所，卻也是革命的搖籃。

　　《點石齋畫報》中有「張園燈舫」一景，園西南有海天勝處樓，有髦兒戲班，演唱昆曲及灘簧。林步青是當時的灘簧名家，時

南京路

常在那兒演
出，園中百
戲雜陳，直
至後來，為
了救濟淮蘇
災荒，還曾
在這兒舉行
過賽珍會，
出賽的有大

家閨秀和女學生手製的繡帕香囊、紐扣、鮮花、轟動一時。園內有
時也發放大氣球（售門票一元），一洋人隨球上升，又張傘降落，
也可說是最早的降落傘表演。

　　而關於四馬路「文化街」的描寫一直到三十年代初，《良友》
畫報上還有一篇子秋寫的《從廣州到蘇州》的文章，提到途經的上
海，是這樣說的：「上海，它的文化全在四馬路上，看，穿著破西

15

服的黃瘦青年，挾著一冊嘔了若干時日心血寫成或譯成的文章，一家家書店鑽進去，又重新捧著失望的、憤懣的臉從每一家跑出來。看經理先生們的臉色，爭價錢之類的事，使得一向自負的銳氣的青年喪氣了。那些無聊地挾著賣不去的稿子，立在書店外玻璃櫥邊悵望的臉相，和那些用濃厚脂粉掩了枯黃的臉的，在街頭街角強拉客人的野雞，可以稱作是上海的名士美人生活咧！」

轎子的時代已經過去了，汽車雖也進了上海，那時總還不及馬車的風頭來得健呢。暮春三月，美貌的書寓女子坐在橡皮輪子的「亨斯美」上，追討了一輛又一輛車輪還是木輪外包鐵皮的四輪馬車。阿拉伯種的高頭駿馬身上披著錦毯，頭上戴著小笠，笠上有兩個小孔，把馬耳聳露在外面，年輕的少年郎自己拉著馬韁，一同去龍華看殷紅灼灼的桃花掩映在田壟籬落間，或是在綠陽夾道的靜安寺路（今南京西路）上向西飛駛，到張園、愚園去兜個圈子，也是一件極為顯威風、出風頭的行當。

高等妓女

　　馬車在中國的歷史十分久遠。四輪馬車有敞篷的，也有轎子式的，轎子式的叫「轎車」，車中設備很完美，配著晶瑩的玻璃窗，外加淺碧色的窗帷，兩旁且有插絹花的瓷瓶。天寒便在坐墊上覆著狐皮毯子，雖然外面風雪交加，乘坐的人一點不受影響，只是到了夏天，乘著轎車太覺氣悶，不如敞篷的通風舒暢。在當時好出風頭，喜歡標新立異的書寓女子眼中，四輪馬車偏中規中矩的外形到底比不上小巧精緻、大都敞篷、又極具歐洲風情的「亨期美」來得吃香。

　　遺風所及，民國初期，女學雖開風氣未盛，在向來讀書人都是男人的中國，上海灘上卻也有著為數不少的女性「文化人」，而且還是擅長琴棋書畫的「文化人」，她們就是當時號稱賣笑

秋水之墓

17

花名招牌

不賣身的書寓裡的校書先生。這些海上名妓成功地將傳統的矜持風雅和現代商業都會的世故圓滑、追逐時尚融合交匯在一起，個別極出色的更使自己成這個特殊時代裡眾星托月般的人物。

　　書寓和長三堂子是達官貴人、巨商富賈、文人雅士接洽應酬的交際場所，甚至連一班革命志士也假書寓高談理想，於是，在這溫柔鄉中就演繹出許多為人津津樂道的風流佳話。如同明末清初的陳圓圓、柳如是、李香君、董小宛等青樓佳麗成了「社會名人」一樣，當時上海連排成行的石庫門弄堂裡也誕生了一批名震遐邇的歡場女子。

　　清和坊，位於五馬路和四馬路（今廣東路和福州路）之間，58幢二層小樓中，有一幢掛著「媚蓮小榭」的牌子，「小榭」中有一位清麗淡雅、琴棋書畫樣樣精通的少女，她的姑父是戊戌變法六君子之一楊說。這位長三堂子的俏人日後移居北京，主演了一出掩護蔡東坡潛逃出京而使袁世凱火冒三丈的話劇，她就是電影《知

音》女主角的原型小鳳仙，小鳳仙因為美人救英雄而名揚後世。

　　沈秋水的知名度不如小鳳仙，可是她的相好卻是上海灘無人不知的史量才。1921年，三十歲剛出頭的史量才以十二萬元的巨款購得《電報》，成為這份在舊上海影響最大、發行時間最長的報紙的董事長。史量才雖是前清秀才，可他從南京來滬時，只是一名中學教員，哪有十二萬元的巨款呢？原來，多虧了他的紅粉知己沈秋水。沈秋火是一代名妓，天生麗質，風姿卓越，拜倒在她石榴裙下的闊老不計其數，史量才能夠成為上海灘的報業大王，沈秋水功不可沒。這個風塵女子重才輕財、慧眼識英雄的故事後來成了街頭巷尾傳頌的佳話。

　　都市的生活裡，明星是一種很特殊的人物，在朝著都市化方向迅速發展的上海，被報章文人不斷品評的書寓女子當仁不讓是當時的「公眾人物」。

「上海小姐」選美

因為是「公眾人物」的關係，世俗的規則也會因大眾娛樂的需要剛對這些領一時風騷的書寓女子略為寬鬆些，娼和士雖然走得比以往哪個朝代都要近，但之間的關係卻不再是單純的吟詩唱和、風流相尚。當時的上海，正是京戲南來、方興未艾的時候，此時和娼攜手在茶樓酒肆聚宴談笑、享受自由戀愛的便是從戲園裡出來的優。娼與優從晚清開始成了上海的社會明星，上海人亦步亦趨地學習他們的穿著打扮，上海人也饒有興趣地關心和慈惠著名妓與名優之間的風流韻事、戲子與妓女的關係，到後來，也成為上海市民不能或缺的一大娛樂活動。

一直以來，女性在中國社會都是不出閨閣的，只有妓女的相片才會在報紙、刊物中出現。當年，昆曲家張允和在上海光華大學讀書時，在王開照相館拍了照片，照相館後來將照片放大置於櫥窗裡作招牌，而後更被雜誌拿去當封面，使她感到很不光彩，為了這件事與照相館老板大吵了一頓。因此，在女學生還稚嫩，沒有成為名媛、太太走出家門進入社會之前，她們基本上閉門不出，不齒於出

永安公司

現在公眾場合。社會所給予歡場女子的身分也是多重性的,她們既是下賤的娼,也是廣受歡迎的「社交明星」,內地各省水災或西北地區發生嚴重災害的時候,校書先生們亦有開賑災會,請文人捉刀代寫倡議書,號召同行妓女一起參加,不僅身先士卒地捐出救災款,更代為奔走呼救,不遺餘力。

1917年,上海新世界遊戲場又舉辦了一次「花園選舉」,照樣效果驚人,廣受歡迎。只是這時的得冠者已不再稱狀元,而是順應民國的體制,稱為大總統、副總統、國務總理。這次選舉的第三名國務總理,就是後來被閻瑞生謀命奪財的福裕里紅妓王蓮英,根據該案情編寫的劇目,有一段時間成為了上海多家戲院的長演劇目,經久不衰,到1921年更被拍成了電影。

一直到1920年,花園選舉依然盛行,有企妹牛奶糖公司欲推銷糖果起見,特租賃永安公司天韻樓一角舉行花選,名曰「企妹香國選舉大會」。每天在報上刊載諸妓照片和選舉消息,等到3月

16日開票，琴寓老六當選大總統，樂情和陳第當選為副總統，琴樓當選為國務總理。花榜發表以後，由企妹公司贈給琴寓新式大銅床一只、柚木西式家具一房間，樂情和陳第各贈柚木西式衣櫥一座、梳妝台一只、沙發睡榻一件，琴樓也贈梳妝台、沙發等物。

琴寓雖榮幸當選花界總統，但事後一般人都視為「牛奶總統」，皆因這個位置是由牛奶糖公司所產生的緣故。

　　現在，提起民國時期的舊上海，屬於青樓女子的繁盛花事早已停歇，除了《夜上海》的歌聲裡縈繞不去的歌舞升平，人們想到的恐怕大都只是那些風情萬種的月份牌美女。她們或清純可愛、端莊大方，或嫣然巧笑、媚態橫生，真是千姿百態，即便是對於過去的上海知之甚少的人，通過月份牌，也不難想像當年的十里洋場是何等的繁華景象，觀念之新、風氣之開，一時無出其右。

月份牌
的誕生源於
近代中國門
戶洞開後外
商致力於洋
貨傾銷的廣
告宣傳。洋
商們起初印
刷一些精美
的美女、騎
士、靜物及風

景畫片，運往上海。由於畫片內容皆為上海人陌生的西方歷史文化
題材，沒有得到市民的認可，收效甚微。於是，洋商們便改用符合
中國傳統審美趣味、類似於年畫的形式，拿到國外製版，用先進的
彩印技術印刷，隨洋貨一道給顧客，此舉立即得到市民的歡迎。迄
今發現最早的月份牌畫，是清道光二十年香港屈臣氏藥房發送的「

屈臣氏藥房」
月份牌。這張
畫中間是一個
繁體「華」
字，裡面由故
事性的畫面組
成，其與清末
石印蘇州桃花
塢年畫相差無
幾，畫面適當
的位置標有商品、商號和商標，並配以中西對照的年曆或西式月
曆，由此產生「月份牌」這一稱謂。

　　這種形式新穎、寓意吉祥的月份牌一經誕生，其獨特的藝術表
現手法與別具一格的韻味便贏得人們的喜愛，於是精明的中外商家
趨之若鶩，樂此不疲。

約從民國元年後，隨著中外工商業的競爭日趨激烈，月份牌的題材反趨向單一化，絕大多數是時裝美女之類，因而月份牌又俗稱「美女月份牌」，但這種廣告形式，反而意想不到地贏得了普通市民的鍾愛而流行於上海灘。

　　早期月份牌繪製的多為元寶領古裝美女，傳統含蓄，體現了民國初期的女性形象。隨著上海開女學之風日盛，提倡女性解放，十里洋場追求時髦成為當時都市人的心態，月份牌的傳統工筆繪製方式很快被鄭曼陀以擦炭加水彩繪製的創新手法所取代。清純女學生形象一下子就紅火起來，二十年代末，身穿倒大袖旗袍的清純女學生，可說是時髦中的佼佼者。

第二章　月光如水照新柳

女塾

　　民國初期，由於新思潮的不斷衝擊，女性所面臨的問題固然細小，卻也是非常實際的，她們為可以不裹腳而感到高興，因為裹腳的痛楚實在不遜於任何一種酷刑，可不裹腳就要受教育，不然就找不到丈夫。小腳可以找一個老思想的丈夫，受過教育的大腳可以找個新思想的丈夫，在小腳和上學之間，必須要選擇一個。

　　到二十年代末，那些大都開辦在十九世紀五十年代的上海女子學校，經歷了大半個世紀的洗禮，逐步走向穩定成熟，培育出的女學生們獨具新型淑女形象，大有一股清風橫掃海上的味道，獨特而又時髦。這時候的上海灘除了大門不出、依然深閨中的老式女子，在外走動的女子便不外乎兩種打扮，堂子裡打扮和學堂裡女學生的打扮。有時候堂子裡的妓女為了順應時尚潮流，身上也是一副清純的女學生行頭，直而長的瀏海，短襖下配有深色長裙，四周鑲緄邊的素色上衣斜襟上別一支自來水筆，有些臉上還架著副無框眼鏡。

　　在當時，用「時髦」一詞是遠不足以形容女學生這一新潮人物

獨具新型淑女形象的女學生

出現在上海眼裡所顯現的光彩和誘惑力的，「女學生」是一個戴著榮耀光環進而還隱含著一些革命意味的名稱。拋開女學生該有的內涵不說，僅僅追趕這表面「時髦」的人就著實不少。後來中西女中的一個女子補習學校，因為開在地處青樓業集中、遍布書寓的四馬路附近，吸引了相當多的「追求知識」的妓女，即使是號稱上海四大金剛的名妓金小寶也不例外。約在1905年左右，更有原上海務本女中的學生薛文華被學校除名後，就以女學生的身分作招牌，在五馬路（今廣東路）開設了一家駐閣照相館，遇見容貌出眾的女子就設法勾引其幹青樓的營生。

　　然而上海灘能夠代表新時代真正名副其實的淑女的出現，一直要到二十世紀三十年代，富裕人家的女孩開始大規模進學校讀書，女子教育漸成規模以後。1892年3月17日，作為領導一代「淑風風采」的中西女塾，首次開學典禮上也僅有七名學生，均為豪門閨秀。我國近代史上享有盛名的宋氏三姐妹就曾就讀於中西女塾。

就讀中西女中時的宋慶齡

　　當宋慶齡還是個中學生就讀於該校的時候，在她身上已明顯表現出一種先人後己的赤誠，以及不滿足於事物的表面而要尋根究底的興趣。宋美齡回憶說，每星期三晚上，墨梯學校（中西女中）都要請一些校外著名的人士來校主持宗教討論會。「你為什麼向李牧師提問題？」一次星期三晚上的討論會結束後，美齡憤怒地要求慶齡回答，「難道你不重視信仰？」當時慶齡是否真正信仰基督教或者有什麼別的信仰，年代久遠，難以查考，但有一點是有確的：隨便什麼事情，如果要她相信，她總是要問為什麼的──這是她始終保持的一個特色。

　　中西女中有著悠久的歷史。它是美國基督教理公會創辦的一所專門招收所謂「高貴華人」女兒的教會學校，校址在三馬路和虞洽卿路口。這所學校當時的中文校名叫中西女塾，它體現了美國教會辦學的宗旨和教育要求，即培養亦中亦西的「通才」。這是一所旨在教育培養中國新一代有學識有教養，見識卓越，同時又具淑女風範的新女性的學校，引導她們走出垂掛了重重幾千年的錦繡羅幃，

中西女塾校門

告別養在深閨人未識的年代，以全新的淑女形象面向社會。

女塾開辦的四項宗旨非常明確：

1.面向中國主要富貴豪門的女兒，提供高等普通教育，中英並重；
2.教授西洋音樂；
3.從思想上和道德上對中國女子施以「健全」的西文教育和影響；
4.傳授基督教基本教義。

　　學校英文名稱叫墨梯，所以又稱「墨梯女校」，是為了紀念曾對建校作出重大貢獻的美國南方教會領導人之一的墨梯主教。

　　1917年學校遷到憶定盤路（今江蘇路）上占地八十九畝的經家花園，也就是今天市三女中的所在地。1930年，學校正式向國民政府教育部立案，校名改為「中西女子中學校」。

中西女中校門

　　中西女中完全按照美國式方法教育，除必修課外，還有宗教活動、家政訓練和音樂舞蹈表演等選修課，傳授西方上層社會的禮儀、社交知識。當時有地位有聲望人的公子都視中西女中畢業的學生為女性典範，以能娶她們做妻子而感到榮耀。

　　值得一提的是家政訓練已不再圍繞女紅等，而是更多地學習如何美化自己、美化家庭居室、選擇對象、如何對待男性朋友，以及學習如何籌措、舉辦舞會、茶會等等社交方面的內容。

　　1936年，薛正接任中西女中校長後，提倡重視東方文化和中國傳統文化。這位青年時期就讀於聖瑪利亞女校的教育家致力於中國女子教育六十餘年，為中西女中和以後的市三女中的發展建設作出了很大貢獻。

　　起源於1851年文紀女塾的聖瑪利亞女中，由美國一位女傳教士創辦，1881年文紀女塾和裨文女校的部分合併組成，當時僅作為

三十年代女學生

聖約翰書院的一個女子附屬學校，校址就在「聖約翰」內。根據教會學校的傳統，男女是分校上課的，據說，當「聖約翰」的校院內出現了一所女子學堂後，就吸引了一部分男生經常偷偷往「聖瑪利亞」鑽的情況，這使得當時的校長極為不滿和惱火。到1923年，「聖約翰」就將得到的一筆捐款，購進了白利南路（今長寧路1187號）一片空地，建造了「聖瑪利亞」的新校舍。

進入二十世紀，上海的女子教育發展迅速。聖瑪利亞女校的新校舍建在聖約翰書院後面，校園建築呈古希臘風格。此後聖瑪利亞女校有較大發展，正式成立英文部、中文部和音樂部，學制定為八年。

聖瑪利亞女中和中西女中都是傳授西方科學文化知識的新式學校。學校的教學管理使學生在精神面貌、智能結構、活動方式以及與社會的聯繫等諸多方面同一般學校相比有明顯的不同，而且益加劇的民族和社會矛盾也激發了兩校學生的愛國熱情和社會責任感，

以致學生雖多為大家閨秀，但也有不少人衝破阻力，走出重樓深院，投身於時代進步的潮流。

上海解放後，1952年7月上海市教育局接管了聖瑪利亞女中和中西女中，並把兩校合併成為上海市第三女子中學，這是當今上海惟一的一所女子中學。

一百多年的歷史文化的底蘊和銳意創新的現代意識，使一批又一批畢業生具備了秀外慧中的素質。如今，它桃李滿天下，校友遍布世界，其中不乏卓有成就的女政治家、女科學家、女博士、女藝術家、女企業家、女教育家、女社會活動家，學校因此被譽為「培養女子人才的搖籃」

一直到今天，那些畢業於聖約翰大學、聖瑪利亞女中、中西女中等名校的「最後的貴族」們，在告別青春幾十年後，紛紛從歲月的角落裡邁了出來，不約而同重新聚首，紀念曾經的絢爛。學生時

聖約翰大學內的聖瑪利女校

代的時光總是難以忘懷的，這是美好過去共有的紐帶，把一群上海老人牽回到一起。在上海西區的一家「紅寶石」咖啡館裡，常有一群當年聖約翰大學畢業的老克勒們聚會，他們個個精神矍鑠，談吐不凡，一人一塊蛋糕、一杯咖啡，結賬永遠AA制，這是年輕時養成的習慣，頗為西化，聊的永遠是幾十年前的風尚。這樣的老校友聚會在老上海中十分風行，中西女中每年的校友會雷打不動，地點或者在市三女中的草坪，或者在思南路上某位校友家的客廳，或者在某家老字號咖啡館。這是時髦外婆外公們最溫馨的時髦活動，而這樣的時髦，對喜好流麗派對的新人類而言，恐怕是很難體會的，因為這關乎心境與往昔的積蘊，老一輩人是那樣從時光中走來的。

上海自開埠至民國成立，期間共有三十七所中等學校。按辦學性質大致可分五類：

一、由書塾、書院演變而成。

聖約翰大學創辦人施約翰　　　　　聖約翰大學卜舫濟校長

二、辦學目的提出較為明確，如「實業救國」、「教育救國」者。

三、為大學附設或社會團體所創辦。

四、教會設立二十一所。其中天主教七所，基督教十四所。

五、租界設立的華童學校共四所。

基本上分國人創辦與洋人所創辦兩類，性質不同，其辦學目的也截然不同。

早期的女子學校都是由國外傳教士創辦的教會學校，學校名稱受當時中國國情影響，往往也稱某某女「塾」，後來陸續更名為女中。因為創辦者是教會，初衷僅在於傳教、救助、濟世扶弱，並不是教學，在文化程度上大都只是識字，教授一些糊口的技能，課程

聖約翰圖書館

設置以紡織、縫紉、園藝、烹飪等女紅為主，學生人數少，多數家境貧寒。

如1861年由美國基督教長老會創辦的清心女塾，二十世紀二十年代改名為清心女中，也就是現在的上海市第八中學；

1850年由美國公理會傳教士陣治文的夫人創辦的裨文女塾，是上海歷史上第一所女子學校，後因創辦人回國而停辦，1882年由女公會接收重新開辦，更名裨文女子中學，就是現在的上海市第九中學；

聖瑪利亞女塾在開辦初期也屬於這一類型。

1898年，經正女塾開學，這是中國人自己辦的第一個女子學校。

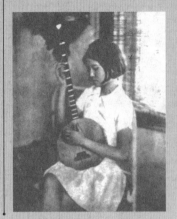

　　這些學校到二十年代在中西女中的影響下，也漸漸走向「淑女教育」的模式，脫離了一律免費入學、義務救濟的初衷。

　　所謂淑女，除了儀態、學識、社交、理家能力，也必須具備良好的道德品質。因此當時的女校，無論是教會辦的還是國人自己辦的，校規章程都十分嚴格，有的學校甚至號稱是「連蒼蠅也飛不進去，對女子沒有騷擾誘惑的地方」。

　　上海市第三女中的一份校史材料說：「當年這個寄宿制的女校，對女學生嚴格到了苛刻的地址。學生不到周末不允許離開學校，從家裡帶來的點心，也必須集中放在一個地方，由校方規定統一時間去吃。規定吃點心的時間一到，女學生們紛紛跑著去那個房間，平日家裡的千金小姐此時全都捧著點心狼吞此咽，因為校方規定的時間極其短暫，而女學生們又由於學校的伙食不足而餓壞了。」

聖瑪利亞女子中學

　　在上海，女學生不單是時髦、摩登的追求者，也成為了公眾眼中摩登女性的形象，沈應懿凝女士回憶在上海中西女塾讀書的情況時說：我第一次去中西女塾正式上課的那天，我特別挑了一套新做的水藍色紡綢衣裙，作為自慶。那天去辦理註冊手續時看到許多學生都是打扮得花枝招展，好不漂亮。「這正顯示了女學生如何積極地追求摩登形象，同時，女學生的摩登形象也正好展開了上海城市文化的一個公共空間，當時上海有著一個這樣的傳言：「要看上海灘最摩登漂亮的小姐們，只要每個禮拜天上午到億定盤路中西女塾的大門口去等著。」當時由大眾文化刊物所建構的摩登女學生形象，是和現實生活中的上海女學生連接起來的，兩者共同創造了一個供大眾閱讀的公共空間。

可愛的早晨

這裡的早晨真自在
這裡的早晨真可愛
聽不見賣米也聽不見賣菜

這裡的早晨真自在
這裡的早晨真可愛
看不見煤煙也看不見晒台

琴聲兒是多麼悠揚
歌聲兒是多麼輕快
好花在歌聲中開
蜜蜂兒向著琴聲裡來

這裡的早晨真自在
這裡的早晨真可愛
把煩惱和悲哀

西餐廳一角

都拋在雲霄外

——曲：陳歌辛　詞：李雋青

　　在這樣可愛的早晨裡，女學生放假了，不管是三個星期的寒假，還是六個星期的暑假，抑或只是禮拜天，她們終於可以暫時離開嚴謹的校園了。在學校，作為一個既具中國特色，又同時接受西方教育的淑女，生活固然讓上海人覺得新奇，但女學生們出了校門，日常娛樂休閒的多姿多采更是叫人眼花繚亂。一些女學生裡時髦的佼佼者更是引導著滬上的潮流，甚至是她在店裡定做的皮鞋和衣服，都被依樣仿製，且標上「某某式」而放置在櫥窗裡，做為宣傳招攬顧客。

　　能夠讀得起書的女孩子，家境必然是較為富有的，她們的早晨裡沒有滬上平民區的吵鬧，倒馬桶聲，各式各樣的叫賣聲⋯⋯

　　在這樣可愛的早晨裡，女學生們已經早早出門，聚集到某個同

麗人行

摩登女學生

學的家中，或者索性去學校的課堂，準備下午的茶會。入場券早就散出去了，雖不是用來收費，但如果沒有這薄薄小小的一紙邀請，卻也是謝絕加入，不是誰想去就可以去的。茶會的程序照例是由幾個社會賢達、學校教授、活躍的同學來做講演，談談愛國，順便也商量一下為災區的災民如何辦慈善義賣。演講之後的餘興節目是請來賓一同觀看同學們自己表演根據莎士比亞的劇本改編的話劇，不演劇的話也可以彈彈鋼琴，來個優美的舞蹈表演。要是會議不安排演出，餘興節目絕大多數會是與會者共同參加的交誼舞會。頻繁的茶舞使女學生們有了專門的「茶舞裝」，歐美的交誼舞因她們的熱衷，漸漸在上海灘風靡起來，然後是舞廳也開始設置了專屬於茶舞的時間段。

在這樣可愛的早晨裡，女學生換好了衣服，等「小開」的小轎車來接了一同出去看電影、吃大餐。汽車傳入上海後，很快成為了一種時髦。尤其是對於同樣也是時髦人物的女學生來說，坐馬車是件十分坍台的事情，如果能夠像AA女士傅文豪那樣擁有蘇浙院京

交誼舞會

滬五省市公路局第一張女子駕駛執照,技術嫻熟地自駕汽車進進出出,當然更是摩登。對於普通民眾,固然大部分人沒有實力購買汽車,卻都愛去照相館照一張有汽車背景的相片來過把癮。即使是一些文化人也未能免俗,和汽車合影者為數不少。

上海是中國近代工業的發源地,早在1911年,上海新設的私人資本工業企業已達六十六家,那時誕生的佛手味精、華生電扇和迴力球鞋等名牌產品,已經遠銷東南亞地區,據1933年留下的統計資料,當時上海工業資產總額約占全國的百分之四十,產業工人數約占全國的百分之四十三,工業產值約占全國的百分之五十。民族工商業發展迅速,全市有工廠五千餘家,湧現出了一批實力雄厚的資本家,而他們的下一代「小開」,因為有著父輩或祖輩的成功做基礎,不需要親身去勞作創業,有的是時間和金錢來供他們揮霍,而「小開」們對上海最大的貢獻,莫過於拓展消費文化和締造海派時尚兩個方面。

虹口大戲院

　　他們就讀於名校，跳舞、網球、沙蟹什麼都知道點，卻什麼都不通透，如同現在的「MBA」一樣，舊上海的「小開」也是滿天飛，有先施公司「小開」，也有五金店「小開」、煤球店「小開」甚至棺材店「小開」……

　　像人們說的那樣，「小開」是舊上海的土特產，但在當時也是受摩登女學生青睞的好拍檔，舊文人太酸腐，茶園戲園呢，書寓裡的女人們還在出出入入，女學生是不屑於去的，她們有專屬於她們自己的消遣新去處。

　　1908年，西班牙商人雷瑪斯在上海虹口海寧路乍甫路口，用鉛鐵皮修建了可容納二百五十名觀眾的上海第一座電影院——虹口大戲院。之後的數年間，他又在上海租界內選擇人口稠密、交通便利之處建成多家電影院，逐步建立了一個電影放映網，有各種不同規格的影院以適應各階層觀眾的需要，其中最富麗的要數北四川路海寧路口的愛普廬和靜安寺路卡德路口的夏令配克影戲院。

可口可樂廣告

　　默片時代電影院裡的女性觀眾幾乎都是女學生，這樣時髦而又
新奇的玩意兒，也只有女學生才懂得領略，試問不識字又如何看得
懂字幕，如果看的還是外國進口來的電影，那就不僅要識字，不略
懂些英文可是還不行的。

　　盛夏時節，時髦而有錢的男女專去一些有冷氣的影戲院，看電
影消暑一舉兩得，他們從中午一直坐到黃昏才出來，因為有的影戲
院買一次門票是可以不受場次限制的，待一整天也沒有關係，對談
情說愛的人而言最合適。看露天電影也頗為時興，乘涼與欣賞電影
一舉二得，上海市內有幾處露天電影場所，一般都在公園裡面，空
氣清新，環境宜人。

　　飛也似的汽車把風歡快地撲打在女學生的臉上，從影戲院到西
菜館，女學生覺得這樣幽靜舒適的環境，光線柔和地罩落下來，吃
飯，或者要上杯可可茶、咖啡，都是很寫意舒服的事情。

飲冰室門票

　　正宗英國式的西餐，上海有家極著名的，英文名叫作「巧克力店」，中文以老板的姓氏稱，一般都叫「沙利文」。總店開在南京路河南路以東向馬路突出的地方，是個英國式的建築，上下兩層。另外在靜安寺路（今南京西路）、麥德赫斯脫路（今泰興路）以東有家分店，同樣也是英國式的建築。老板沙利文還開有餅乾糖果廠，也叫「沙利文」。

　　南京東路上的沙利文是外灘一帶洋行老板和高級職員吃飯喝咖啡的地方，至於靜安寺路那一家的顧客則多是一些高等華人和他們的子女。

　　沙利文的冰淇淋也好，有一種叫做「花旗大姐姐」的，上面放了一枚猩紅的小櫻桃、兩條雞蛋餅乾還有幾塊酸滋滋的菠蘿，真是又香艷又美味。西摩路和百老匯路的Federal，有一種「桃子冰淇淋」，味道也不錯，價格卻也很可觀。

摩登女性

　　沙利文也是上海資格最老的第一家飲冰室，他們賣的冰淇淋種類最多，分別從五角到一元不等，在當時兩三角錢一杯的冰淇淋，一般人已經看做是消夏的奢侈食品，這種價格是相當昂貴的。

　　二十世紀二三十年代的上海，夏日的餐飲已經出現了汽水、冰淇淋、酸梅湯，以及摩登的刨冰等。洋派的老上海，自己在家也能製造一些飲料。一個乾淨的玻璃瓶，內盛開水，先冷卻，然後放一些小蘇打、檸檬酸，再加入少許糖精，經濟寬裕的家庭，還在裡面添些果子露，風味更佳，放好之後，立即把瓶塞塞緊，汽水就做好了。

　　位於外白渡橋百老匯路口的普濟藥房，他們出品的果子露味道濃厚，其味之佳，當時在上海可以推為第一家。

　　炎炎夏日，飲冰室前豎著可口可樂、荷蘭汽水等誘人的廣告，

第二章　月光如水照新柳

49

使人垂涎三尺。隔著櫥窗，可以看見摩登的年輕女子唇中含著吸管，氣泡沫在高腳玻璃杯中跳躍著，或用小勺慢慢舀著冰淇淋，千種風情萬般嫵媚，更是一幅活廣告。飲冰室一般有電風扇，甚至還有冷氣，女學生玩得累了，路過飲冰室，常會進去要一杯刨冰，冰淇淋或汽水，涼意頓生，令人愜意，然後再回家。因此，飲冰室的生意在夏日總是紅紅火火，拉門的小姐沒有半點休息的機會，穿著白色衣服的服務員像蜜蜂般來回穿梭，忙得不亦樂乎。

　　中下生活水平的人都只享用一種油紙扇式樣的塊冰。據說發明這種早期棒冰的，是一位姓鄭的，他用果子露、粉質糖融化後，放進電冰箱中，經過相當時間的冷劫，就凝結成為棒冰。當時，一般人對這家棒冰公司發售的新鮮冷飲品，覺得好奇，紛紛購食，棒冰吃起來方便，冷味比較耐久，更主要是由於售價低廉，所以，一出現就深受廣大群眾的歡迎。普通棒冰當初售價4分，合銅元12枚一根。

也有大排檔式的飲冰處，旁邊樹起一面白旗，一個大大的「冰」字，就算是招牌，簡單醒目。幾個圓形大木桶，塗著紅色的北京或天津產的酸梅湯字樣，並標明價目。幾張普通的桌子，鋪上塊白布。顏色各異的杯子，整齊地擺在面盆上。一切非摩登不興，這些街頭飲冰處，也摩登起來了，同樣有鮮橘子水和刨冰出售，而且杯子裡頭也斜斜地插著一根吸管，長衫的飲客，短衫的顧客，只要掏幾個銅板，就可用廉價而又摩登的方法暢飲一番。這一類街頭飲冰處，往往也是座上滿客，生意絲毫不比飲冰室差。

春來了——茅盾（摘自《良友》第76期）

春來了！太陽是暖暖的，風是軟軟的。

摩登姑娘伸一個懶腰，看著那好景的艷陽天，蔻丹染紅的指尖輕叩著牙關，默念著昨兒的約會，心裡打著結。春天帶來了「浪漫

51

楊秀瓊

司」，卻沒有帶給她分身術！

公園裡碧綠的草茵上整整齊齊站著一排粉妝似的玉蘭。試穿一件鮮紅的長旗袍，斜倚著玉蘭樹，拍一個照罷？那是多麼「詩意」的！

茶薼架下可巧有一對兒座位空著。好一個幽雅的去處！到那邊歇一會兒罷？您自己沒有看見，粉褪黛散，還不快快裝扮！

上新雅去喝一盅罷？怎麼？那就到冠生園！國泰新到一張好片子，戀愛的羅曼史夾著武俠冒險。再不然，我們還有「城市之夜」。哈，您不喜歡這國產的新片？您抱怨導演先生要把那有錢人的兒子跟沒錢人的女兒來一個美滿的結合？天哪，小寶貝！您還有點兒封建道德！

打膩了「高爾夫」，也看厭了野獸神怪香艷巨片，「爵士」的

黎麗麗

音樂也不再能使她興奮，春天裡的摩登姑娘轉又覺得春天太無聊賴，她渴望著力強的更新奇的刺激，刺激，第三個刺激！

　　說是國難方殷麼？我們的摩登姑娘自然曉得。但是昨天她家已經全體加入了航空協會，已經在那裡航空救國。也許她還有點「家難」：最近美國的金融風潮叫她老子在金業交易所裡吃了一跌，半天裡去了家產一半，這個，她也自然曉得。可是她也看慣。今天虧了，明天可以翻回來。永遠翻不回來的，是那青春時代的如水流年！在這上頭，我們的摩登姑娘看得非常明白，看得非常透徹：「未來」是那麼不可知，她只能抓住了「現在」──發瘋似的要求刺激，肉體的官能的刺激！你能說她錯麼？一長排一長排的摩登男女在這歷史的前夜走他們命運的旅途，走上了沒落，走上了毀滅！

　　春天裡的摩登姑娘就那麼很快地玩膩了春天的一切，渴望著更力強的新奇的刺激。她盼望夏天早點到來。那時候，黃浦江夜遊的白相船，高橋沙露天的海水浴，夠多麼新奇！多麼刺激！

《玲瓏》雜誌封面

安得時輪金剛法會顯大法力，消弭了內亂外患，好讓我們的摩
登男女頹廢享樂，朝朝暮暮，歲歲年年！

在這樣可愛的早晨裡，愛文義路上一座高大的洋房前，車馬的
喧鬧和鶯鶯燕燕清脆的說話笑鬧聲打破了清晨的寧靜。女學生們走
進陳設華麗的房間，或遊戲，或三三兩兩一邊翻看著時尚畫報一邊
互相交換著如何裝扮更為靚麗的心得，偶爾還開個玩笑，要為同學
做媒介紹自家的表哥給她認識。上學在某種程度上不
僅時髦而且實惠，順便還可以試著釣一個金龜婿。

張愛玲稱，三十年代女學生每人手持的《玲瓏》雜誌是一部傳
授影星美容秘訣的刊物，而類似於《玲瓏》的諸多刊物比如《良
友》等，也在傳授給女學生秘訣的同時，透過文章和圖片，向上海
灘、向公眾展現了一幅幅全新的摩登女性形象——她不再守於閨
閣，而是在雜誌上建立了她的公共空間，讓公眾閱讀。隨著時代的

變化，這種有別於傳統婦女的摩登女性，有著穿高跟鞋及卷髮這種異國情調，而學生裝及運動裝則更是全新的形象，上海城市文化的公共空間藉由這些摩登女性形象得到了拓展。

1918年，仿效在滬西僑俱樂部的形式，據說由六位富家女首創，聯手辦了一個女學生俱樂部，也有叫六合公司的，為會員提供娛樂、休閒的場所。當年的這個女學生俱樂部規模很大，內部陳設華麗，活動項目有網球、撲克、麻將、彈球等等，配以精緻的中西飲食，是當時許多女學生交際消遣的好地方。俱樂部除了愛文義路上的總部，還另外分設了九個分部，總部和分部都聘有專門幹事負責處理該處的事務性工作。

當時的教會學校一般都沒有體育課程，但是大多在課外開展各種體育活動，在休息時間可使用已備好的器具各自進行遊戲。很多女學生除了打網球，還會游泳、騎馬、踩腳踏車，而除了女學生以外，女運動員也成了新的摩登女性形象。

　　西洋的體育運動項目自晚清傳入中國，在中國推行的早期，是和國家富強拉上關係的。體育運動之所以後來和女性拉上關係，除了因為新式教育會開始有體育課之外，也和女性身體健美有關。曾經有一篇《摩登婦女的裝飾》的文章，提到摩登女性「真正的美觀，還是在康健的身體，和豐滿的肌肉」。《新女性的兩大訓練》中更指出女性其中一項重要訓練就是體力。文中說道：「無論我國的女子，怎樣學時髦，穿高跟鞋，但總有弱不禁風的缺點。病態美是一向給我們獨占有的稱號。林黛玉式的女子是我們的恥辱。現代人如果沒有剛強的體格，便不會有遠大的目光和偉大的希望。」主張摩登女性應該從事運動鍛煉身體，以達到健美乃至更高的境界，由明星黎莉莉主演的電影《體育皇后》中提倡的也是普及體育、反對市儈式錦標主義的觀念。在1933年舉辦的中國全國運動大會，黎莉莉更穿起了新製的釘鞋練習起跑，可說是淋漓盡致地發揮了當時摩登女性的健美形象。

除了黎莉莉以外，在當時有「美人魚」之稱的游泳健將楊秀瓊
也經常被國內各游泳池邀請主持剪彩禮。無論是在電影、大眾刊物
以至現實生活中，運動型女性無疑建立了另一個摩登女性的新形
象，並在上海的城市文化中占有重要位置。

不嫁的白衣黑裙女學生——楊步偉

民國建立，在世紀之初稍微開了個頭的婦女解放運動開始深入人心。婦女解放運動首先從自由戀愛、自由婚姻開始，新式婚禮在都市裡流行開來。

袁世凱復辟的鬧劇讓封建禮教那一套重新找到了市場。1914年底後台的《整頓教育方案草案》中，明確宣揚女子教育的目的就是培養賢妻良母。就連1914年12月創刊於上海的《女子世界》，也開始大量登載節烈女子事例，主張男子多妻納妾，要求女子獨守貞操，反對婚戀自由。

在這種情勢之下，上海、南京等領時尚之先之地，都出現了女子自發組織的「不嫁會」。「不嫁會」的宗旨固然是終身不嫁，還禁止種種冶艷之態，所以她們的衣著打扮，一概是女學生的簡單質樸。

當時，女子已經有了就業的機會，一些女子在經濟上便具有相

聰慧文靜的女學生

對的獨立性。婚姻既然不是她們預期的飯碗，她們自然要反抗它的束縛。然而，傳統貞節觀念使她們難以大膽地追求婚姻自由，不嫁只能視為消極、軟弱的抵抗。五四運動以前，女子一度也流行過獨身，正是她們尷尬處境和複雜心態的體現。

「新文化運動」對這個時期的女性影響很大。這個時期的女子著裝多穿窄而修長的高領衫裙，下穿黑色長裙，衣衫比較樸素，簪釵、手鐲、耳環、戒指等飾物少用。這種裝束，時人送它一個專有名詞：「文明新裝」。

那是一個亦舊亦新的時代、漸趨成熟的時代。舊的萬分依依不捨，而新的已經露了頭，只是還沒有徹底定型，顯得不成氣候。這個時期的時尚風格，女性的年齡很重要。少婦有少婦的特點，年輕女孩有年輕女孩的特色，幾乎是涇渭分明。

少婦採用的依然是清末的款式，一種稍微經過改良的傳統髮

型。長髮，向後梳，在後腦的最低處挽成一個髻，此為墮馬髻。如將髮髻扭一扭盤成英文S字樣的，稱S髻。S髻，又有橫S和豎S的區別。整個髮型的特點是清清爽爽紋絲不亂，仿佛很規矩，可誰還願固守那些禁錮女性的規矩，於是，前額中間奇長無比的瀏海，齊刷刷地一刀剪下來，筆直而濃密，狠狠地壓住眉毛，誇張得有點霸道，真的是有些不耐煩了，都什麼時代了！學生式。

楊步偉正是這時候的美麗人物。1921年劉半農在去法國留學的輪船上所寫的詩《叫我如何不想她》，在1926年由後來成了楊步偉丈夫的著名語言大師、音樂大師趙元任給這首詩譜了曲，時人便將楊步偉理解為就是《教我如何不想她》這首著名歌曲中的「她」。

1920，趙元任從美國哈佛大學獲哲學博士學位回到清華大學任教，經友人介紹認識了出身皖南名門望族的楊步偉女士。

楊步偉在考入南京旅寧學堂時，入學考試作文題為《女子讀書

之益》，她竟大膽地寫道：「女子者，國民之母也。」步偉這個名
字，就是她的同學、好友看她抱負不凡為她而取的。楊自幼反對封
建禮教，不肯纏足，並大膽拒絕了父母為她包辦的婚姻，孤身跑到
上海讀書。

1919年，全國掀起反帝和反封建的革命浪潮，楊步偉也參加
了這場運動。當時安徽督軍兼一、四兩方面軍軍長的柏文蔚，要為
五百人的女子北伐隊辦所崇實學校，特聘楊步偉擔網校長之職。她
毅然出任，領導學員學紡織，打絨繩，學刺繡，學救護……搞得轟
轟烈烈。

後來楊步偉留學日本，在東京帝國大學獲醫學博士。畢業後，
她在北京絨線胡同和友人合開了一所「森仁婦產科醫院」，開創婦
女創業風氣之先，同時宣揚自己「終身不嫁」。雖然這個誓言不久
就被尊為「漢語言學之父」的語言學家趙元任的求愛攻勢打破，但
收斂的美麗、不凡的事業、驚人的獨立，讓這個不媚不俗的素樸女

楊步偉和趙元任

子光彩照人。

　　說到他們的婚禮，那也是楊步偉女士蓄意向世俗的一場挑戰。
當時憑他倆家庭關係、社會地位和經濟實力，婚禮本應要辦得排場
和體面。但他們想打破舊的婚姻制度，倆人別出心裁，先到中山公
園當年定情的地方照張相，再向有關親友發了一份通知書，聲明概
不收禮。當天下午，他們把好友胡適和楊步偉在醫院工作時的同事
朱征到家中，由楊步偉掌勺，做了四碟四碗家常菜宴請了這兩位證
婚人。然後趙元任從抽屜裡取出結婚證書，新郎新娘先簽了名，接
著兩位證婚人也簽了名，為了合法化，還貼了四角錢印花稅，就這
樣完成了簡單而浪漫的婚禮。當這消息傳出後，第二天報紙上以《
新人物的新式結婚》為大標題，宣揚了一番。連英國哲學家羅素當
時也認為這個婚禮「夠簡單了，不能再簡單了。」

　　從1938年起，楊步偉隨趙元任舉家定居美國後，數十年來，
他們的家一直是清華留美學生的「接待站」。我國著名科學家周培

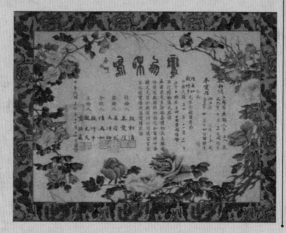

結婚證書

源、錢學森等許多早期赴美留學的學者，都是趙府的座上客。人們一到了趙家總有一種賓至如歸的親切感，因為楊步偉不僅好客，而且燒得一手淮揚名菜。她曾把自己幾十年來創作的名菜經驗編成了一本《中國烹調》，在美國暢銷不衰。

　　天上飄著些微雲，
　　地上吹著些微風。
　　啊！
　　微風吹動了我頭髮，
　　教我如何不想她？

　　月光戀愛著海洋，
　　海洋戀愛著月光。
　　啊！
　　這般蜜也似的銀夜，
　　教我如何不想她？

婚禮

水面落花慢慢流，
水底魚兒慢慢游。
啊！
燕子你說些什麼話？
教我如何不想她？

枯樹在冷風裡搖，
野火在暮色中燒。
啊！
西天還有些兒殘霞，
教我如何不想她？
——劉半農《教我如何不想她》

　　當這首歌在社會上流行時，有一位年輕的朋友久想一瞻詞作者
的風采，看劉半農到底長得什麼樣子。

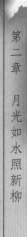

劉半農在北京大學作演講

　　當時劉半農任北京大學女子學院院長，穿著一件中式藍棉布袍子，已人到中年，看起來並不年輕英俊。

　　一日，恰好劉半農在趙元任家小坐喝茶，而這位青年也在座，趙元任夫婦即向這位青年介紹說：「這位就是《叫我如何不想她》的他。」年輕人一看大出意外，乃脫口而出：「原來是一個老頭。」大家大笑不止。

　　劉半農後來特地為這次邂逅做打油詩一首：

　　教我如何不想他，
　　請來共飲一杯茶。
　　原來如此一老叟，
　　教我如何再想他？

春戀

春花燦如錦

春草綠如茵

春山迎人笑

春水移人情

看，碧姚綻蕊

聽，黃鸝兩三聲

俯視游魚潛沉

仰看藍天白雲

我們要學那魚兒比目潛沉

我們要學那鳥兒比翼飛行

不管風雲變幻

不管人世糾紛

但願能和你

相伴在這幽靜的園林

直到地老天荒

結婚了，臉上卻還有著掩
不住的淡淡青澀稚嫩，這
一刻是封存在歲月裡你我
的青春韶華

直到海枯石爛

但願能和你

相伴在這幽靜的園林

在這幽靜的園林

——作曲：陳歌辛　作詞：方泓

　　去禮拜堂行婚禮的路上，陽光把搖晃的樹影兒投進半開的車
窗，落在婚服白色的紗上，晃晃地讓人覺得眼暈，她的猶豫越發得
深了，和他當初熱切地戀愛著的影像，還有月下雙雙同立的「負心
者必蹈海而亡」的盟誓，像一把錘子，沉重地擊打著她的心房……

　　據《中國電影發展史》記載，《海誓》是中國最早的三部長故
事片之一。

婚禮

少女福珠和竊畫師周選青相戀，並訂有婚約，盟誓：「負心者必蹈海而亡。」後來，福珠被擁有資產的表兄誘惑，竟毀前約與表兄結婚。當他們在教堂中舉行婚禮時，她幡然悔悟，念及前誓，棄婚禮投奔畫師。畫師怒其變心而拒絕，她於是奔往海邊，欲蹈海自盡。畫師在福珠離去後猛然驚醒，追至海邊，救起少女，有情人終成眷屬。

1922年，《海誓》在上海夏令配克影戲院首映，引起轟動，「美女加愛情」令市民階層為之傾倒。特別是這「美女」居然還是個女學生，這在當時，女學生不單是時髦、摩登的追求者，亦已成為公眾眼中摩登女性的代表形象，影片轟動幾乎是必然的。

其時的女學生們在「小開」們的陪同下，夏天在飲冰室啜飲冰淇淋，天氣涼了進咖啡廳，一天裡坐著汽車兜風、看影戲、吃大餐的老三樣，時間一長，便不免有人也想要親身嘗試一下出演西洋影戲，出出這水銀燈下的風頭。

殷明珠

《海誓》女主角福珠的飾演
者殷明珠就是中西女塾的學生。雖然在女學生們踏入電影界之前，
在上海也有女性參與電影的表演，但真正成為上海灘女明星的，殷
明珠當屬第一人。

生於江蘇吳縣書香門第的殷明珠，其父是一位在蘇浙一帶略有
名氣的畫師，但去世較早，後家道中落，舉家遷往上海。

殷明珠在上海就讀於著名的中西女塾，在這所由教會辦的教堂
裡，她在西方文化的薰染下，不僅擅長唱歌跳舞，還學會了游泳、
騎馬、騎自行車和駕駛汽車。殷明珠長得美麗動人，是當時中西女
塾公推的校花。

在校外，她喜歡穿洋裝，模仿外國影星的裝束，因而被稱作
F.F.(Foreign Fashion)的女士，意思就是「洋派」人物。

69

但杜宇

在學校期間，殷明珠就喜好交際，經常出入於上海灘各大舞廳、歌廳、咖啡廳等場所，一時間，以追求新式「有知識」女性成風的海上闊老們趨之若鶩，據稱凡是有殷明珠身影出現的地方，周圍無不擠得水泄不通。

話說殷明珠有一次認識了一位畫家但杜宇，但杜宇自幼學習繪畫，尤其擅長美女和花卉畫，故取藝名「杜宇」，即樹鵑鳥之意。幼年喪父的但杜宇由於家境貧困，憑著天分和深厚的美術功底，到上海以繪畫為生。當時，他所繪常的美女月份牌很受歡迎，但杜宇也因此而聞名於上海灘。

除了畫月份牌以外，但杜宇的畫還放一些雜誌採用作封面，漫畫作品也經常見諸報刊。殷明珠和但杜宇，兩人志趣相投，殷明珠羨慕西方影星生活，但杜宇卻想嘗試拍電影，隨著「西洋影戲」越來越為人們所喜愛，但杜宇對電影藝術和技術的興趣也與日俱增。

楊耐梅

1920年他和朱瘦菊、周國驥等人，集資一千元，購買愛腦門牌攝影機一架，創辦了上海影戲公司，開始拍攝長故事片《海誓》，女主角當然非形象青春健美的殷明珠莫屬了。

　　由於但杜宇的影片，有著濃厚的唯美主義特色，再加上殷明珠美麗的風姿，時髦的衣著，女學生的摩登身分和在社交場上已有的號召，影片一上映就吸引了大量的觀眾。

　　女學生演電影成了國產電影最好、最有效的廣告，固然吸引了大量的觀眾，但在社會風氣尚屬保守的二十年代，有女學生竟敢冒天之之大不韙，以妖艷放蕩的風姿登上銀幕，確也使中國觀眾大吃一驚。二十年代的上海灘，居然女明星有數不清的崇拜者，但傳統觀念也是根深蒂固，演員沒有社會地位。上流社會中，捧角的比比皆是，卻不能容忍演員成為上流社會的一員，因為要演電影而和家庭關係鬧僵，甚至最後斷絕關係的也不乏其人。

《玉梨魂》劇照

提起楊耐梅的名字，今天恐怕已經很少有人能記得，然而在七八十年前，她卻是個家喻戶曉的風雲人物，其知名度在北洋時期不亞於北京政府的總統、統理；1927年後，更不亞於南京政府的黨政要員，使楊耐梅楊名天下的無疑就是電影。

1904年生於上海的楊耐梅，是廣州著名大富商楊易初的掌上明珠，自幼深得家庭寵愛，生性聰明伶俐又倔強任性。年紀稍長即進入上海著名的務本女中讀書，這時的楊耐梅已長成了一個亭亭玉立、活潑新潮的秀美少女。

富裕的家庭環境使楊耐梅可以隨心所欲地打扮自己，天生的美貌和時髦的衣著以及她好動、不安分的性格使她在務本女中風頭特健，學校每次重要的團體活動自然少不了她，和殷明珠相同的是，楊耐梅一樣也熱衷於唱歌、跳舞和交際，頗為引人注目。通過這類活動，楊耐梅和上海上層社會有了廣泛的接觸，由於進入社交界，並很快成為眾人注視的焦點人物。

王漢倫

　　但其父楊易初一直希望掌上明珠的女兒勤奮學習，以備將來出洋留學，但事與願違，楊耐梅並未在學習功課上花多少時間和精力，卻迷上了表演藝術，她成為演出文明新劇的「笑舞台」的常客，並結識了著名新劇編導鄭正秋。明星影片公司成立後，她開始經常出入於明星公司的攝影棚，躍躍欲試，想在水銀燈下一顯身手。

　　楊耐梅在《玉梨魂》中初試鋒芒，其獨特的風流氣質和魅力使得銀幕上的她妖艷而不失嫵媚，輕浮而略顯放蕩。影片公映後，楊耐梅的形象使大多數觀眾，尤其是市民觀眾初而驚嘆，繼而喜歡，《玉梨魂》賣座奇佳。

　　這一次的成功表現了楊耐梅在吸引觀眾方面的巨大潛力，在緊接著的《誘婚》和《好哥哥》兩片中，楊耐梅飾演第一女主角，全都是妖艷媚人的角色，她在這兩片中飾演蕩婦的表演之大膽在當時

《申報》

的電影界無出其右，浪漫艷星的桂冠是非她莫屬了。但是楊耐梅的出名，可苦了她的父親楊易初，本是出身名門的閨秀卻甘居戲子演員行列，而且還專演放蕩女性，楊易初深以為恥，認為有女如此，還有何面目再見親朋好友？他苦口婆心，反覆勸喻，無奈一貫任性而且已迷上拍電影的楊耐梅半句也聽不進去，依然故我，楊易初傷心已極，父女感情破裂，關係斷絕。

與此同時，楊耐梅仍不斷上戲，《良心的復活》一片拍竣後，為使該片更具號召力，電影公司想出了讓楊耐梅隨片登場的絕招。

他們選擇了片中女主角撫育嬰兒輕唱《乳娘曲》的一段頗為動人的戲，在首映該片的中央戲院舞台的銀幕後面，搭了一台與片中

張恨水

場景完全相同的布景。影片放映時，每映及這一場面，銀幕升起，舞台燈光漸亮，與片中化裝完全一樣的楊耐梅登場，在小樂隊的伴奏下，輕展歌喉，唱出一段《乳娘曲》，歌畢，銀幕復又降下，影片繼續放映。

前後不過短短三分鐘，卻使觀眾得以一睹活生生的楊耐梅的芳容和親耳聆聽她的歌唱。經報紙一渲染，此舉果然讓楊耐梅的影迷們如醉如痴，同時也引起一般觀眾的好奇心，因而觀者如潮，連映二十天欲罷不能，楊耐梅走紅至極。

上海默片時代最早的一批女明星中，有很多都是女學生，除了殷明珠和楊耐梅，較為著名的還有殷明珠在中西女塾的同學，出演過《古井重波記》的人稱AA女士的傅文豪，而被稱作「中國第一位悲劇女明星」的王漢倫也曾就讀於上海聖瑪麗亞女校。

《海誓》一片的成功，無意中為鴛鴦蝴蝶派文人及其作品進入

《小說月報》創刊號與終刊號書影

電影界打下了一個楔子，而楊耐梅知展風姿的《玉梨魂》同樣也是鴛鴦蝴蝶派的代表作之一，小說曾創下了再版三十二次，銷量數十萬的紀錄。其作者徐枕亞也從常熟鄉間默默無聞的一個小學教師一舉成名。北京有一位30歲未嫁的劉小姐，是「末代狀元」劉春霖的女兒，因看《玉梨魂》入了迷，大膽與徐枕亞通信，並自主許願要嫁給他。恰巧此時徐枕亞斷弦，這樣徐枕亞就堂而皇之地做了狀元的女婿，有人笑稱：「書中自有顏如玉。」

1930年，遠在北京的張恨水為上海《申報》撰寫長篇小說《啼笑因緣》，還不斷收到痴情的女讀者來信，甚至是求愛信。

　　有人說，其實現今瓊瑤的作品就是鴛鴦蝴蝶派在新時代的變種，不管是與不是，但不可否認，其廣大的讀者群大致是一樣的，先有徐枕亞，後有張恨水，愛情的題材，一直吸引著青春的、知識型的女性讀者群成為鴛鴦蝴蝶迷的主力。

　　閱讀，首要是能夠認得字，而且必須是讀其書便能諳其意的人才會覺得有樂趣，這中間就又少不得要知情識趣、多愁善感，能諳「畫蝴蝶於羅裙，認鴛鴦於墜瓦」或是「相悅相戀，分拆不開，柳陰花下，像一對蝴蝶，一雙鴛鴦一樣」纏綿哀情的新式才子佳人戀愛小說真諦的，便是那有著玲瓏透明心的女學生了，閱讀言情小說成了女學生生活中的一部分。

　　月亮缺了一只角的晚上，淡淡的光漫進屋子，案頭的花有一朵謝了，有幾瓣落在桌上，於是女學生傷心了，她細膩而又敏感的心裡立時想起了《梨魂》中的梨娘、《啼笑因緣》中的沈鳳喜、《金

77

粉世家》中的冷清秋，那些數不清的美妙靈魂仿佛在一瞬間融合在了一起，幻化作她自己，在落花滿徑的小路上傷春悲秋⋯⋯

在新文化運動前，鴛鴦蝴蝶派小說曾是文學界最走俏的通俗讀物之一。著名作家張恨水的《啼笑因緣》也曾先後十數次再版，被認為是「鴛鴦蝴蝶」派小說的壓軸之作。其五大作家張恨水、包天笑、周瘦鵑、李涵秋，嚴獨鶴的作品在報紙連載時，曾出現市民排隊等候報紙發行的場面。

民初登載此類小說的主要刊物除《禮拜六》外，還有《小說叢報》、《小說月報》、《中華小說界》、《銷魂語》、《眉語》、《好白相》、《繁華雜誌》、《香艷雜誌》、《上海灘》等。

電影業為了順應潮流，從1921年到1931年間，中國各影片公司拍攝了共約六百五十部的故事片，其中絕大多數都是由鴛鴦蝴蝶派文人參加製作的，影片的內容也多為鴛鴦蝴蝶派文學的翻版。

《香艷雜誌》書影

「鴛鴦
蝴蝶派」的
作者本來並
沒有組織什
麼團體或標
榜什麼派
別，後來因
其情節多哀範泣訴，主人公往往難逃尋死、入空門的結局，有人便
根據「卅六鴛鴦同命鳥，一隻蝴蝶可憐蟲」的聯句，概括出「鴛鴦
蝴蝶派」，來指稱這類言情小說和作者，又因為民初的《禮拜六》
雜誌專登這類小說，所以「鴛鴦蝴蝶派」又稱「禮拜六」派。

　　喜歡閱讀悲劇愛情小說的女學生們，書中所持的悲觀態度多少
在她們待現實中的愛情裡留有影子，當時的女子雖然可以和男子一
樣走出家門，上學接受教育，甚至還可以有一定限度的娛樂權利，

《禮拜六》書影

但是自由戀愛離她們還很遠很遠。既然走出了家門，難免就會有少男少女一見鍾情或日久生情的事情發生，遭遇不可解的愛情難題時，悲劇愛情小說的影子便冒了出來，思來想去，真是難上加難，難到最後，無法解除，惟有「一死」才能了結。

這個由根深蒂固的傳統觀念和新思潮糾纏盤繞的不可解的結，就是早年言情小說為什麼多數都是悲劇題材的原因。

當有一天，新舊戰爭終於結束，自由便是自由，一切都是那麼理直氣壯的時候，當年手捧書卷暗自落淚，傷心著不知道是書中的主角還是自己的女學生們也早已經走過了她們的青春韻華，縱然再戀，和人生中的春卻已是沒有半點關係了。

第三章　紅粉佳人

當票

看張愛玲的《更衣記》差不多也就等於把近代女裝演變史的精要過了一遍，文章起首第一句：「如果當初世代相傳的衣服沒有大批賣給收舊貨的，一年一度六月裡晒衣裳，該是一件輝煌熱鬧的事吧。」

滿清三百年，女人們一代又一代穿的都是同樣的衣服，直等到「時裝」這個概念初露端倪，衣服就和世代相傳漸漸脫了鉤，它仿佛在轉瞬間活轉了過來，還了魂似地，而且簡直還是有命運可言的。

從前各典當行對於當價都有標準，金子和銀子的當價最高，次則就是衣服，再次才到珠子、鑽石。衣服向來可有六折當價，至少也可當個對折。譬如一件衣服，值價十塊，可以當六塊，少些也可以當五塊。到了二十年代中期，就不行了，衣服只有三四折可當，女式衣服更當不起，至多可當一二折。而奇形怪狀的摩登女衣，竟有拒絕收當者。典當行的意思有兩層：一是因為銀根奇緊，不願多

二十年代租界上的一家當鋪

收進呆貨（它們稱衣服為呆
貨），所以將當價折低；二是因為衣服式樣年年改變，今年謂以時
式了，到了第二年已變為落伍，而以女衣式樣的改變尤快，故女衣
當價萬當不高。

　　衣服的命運不再依著它的價值，開始賴著時勢風尚和主人的喜
好起落。喜好通常也是無常的，年年翻新，只要一個「時」字沒有
了，衣服的命運也堪憂起來，最後少不得只能做壓箱底的貨。但命
運這個東西是說不準的，有沉便也有浮，衣服既有了命運，過得幾
年，一個輪迴之後，又見天日，更甚者還能走出另一番新天地來也
是說不准的。近一個世紀以來，這個世界已經發生了天翻地覆的變
化，衣服卻始終像另一種永恒的語言，悄無聲息然而又是持續不斷
地，在那裡敘述著一些人、一些事、幾段情……

　　在不斷前行的腳步中，不經意地串聯了流行的演變，時尚的輪
迴。

身著國服的時尚女性

　　說起來，女子穿旗袍的歷史其實並不長，清朝末年，女裝仍保持著上衣下裙之制，以「裙釵」來代稱女子由來已久。當時婦女的禮服，披風是最普遍的，就像男人的外套，吉服作天青色，素服作元青色，再沒有其他的了。披風裡面是短襖，顏色就可以按照自己的喜好來挑選，披風式樣也像男子外套，對襟，長可及膝，兩袖極為寬博，大都採用藍緞繡上五彩，或者夾上金線的花朵。太太們的披風上除了補服，還有平金的團花和水浪形金邊，叫做「水腳」，披風是專屬於太太們的服飾，沒出嫁的小姐，是不能夠穿的。

　　紅裙是另一件特有的禮服，花樣繁多，用綢或緞做成，加以百

雲裳公司

，有的還裝上各色繡花風帶，配以夾裡，垂直下來，以示端莊；新娘的紅裙還有在帶端裝上金、銀或銅的小鈴，走一步就丁零作響，聲音越輕悄就越顯出好教養好儀態。老年人雖也穿紅裙，但一般都不作其他裝飾，頗為素淨，倘若丈夫死後寡居，就不能再穿紅裙，年輕時穿紫裙，待到年紀大了便穿黃裙，一生只有兩次，一次是出嫁做新娘，鳳冠霞帔，但沒有大衣方巾。

那時女子的便服，上身是襖，從皮襖到夾襖，都稱為襖，單的紗的就不稱為襖只是衫子罷了。下身必定要穿裙子，且總是黑色的，家境中上的人家，多用絲織品；鄉下人家，就穿黑布裙。舊時所謂詩禮之家的女子只有一起床便需穿上裙子，直到晚上睡覺才可以脫掉，如果不穿裙而見客，那是很失禮的。

小姑娘們，剛及豆蔻就得穿起裙子。

袍興而裙子廢，女人的衣裳穿戴，漸漸受歐美風氣影響，待若

千年後百褶裙重又流行起
來，但已不是從前的百
長裙了。

　　只有妓女是不穿裙子
的，這是良家婦女與娼家
的區別，1922年第13期《
紅雜誌》上有一段：

　　「不領之衣，露肌之
褲，只要妓院中發明出
來，一般姑娘小姐，立刻
就染著傳染病，比什麼還
快……

　　流行一種綠綢的褲

子，它的傳播力很大，凡
是妓女，大半總是如此，
仿佛是一朵淡色的花朵，
全仗綠葉扶持。這綠色便
是妓女的一種標誌。花界
妝飾的變化，原也是一件
極尋常的事。不過前幾天
在路上瞧見幾個良家的婦
女，也穿著這上淡下綠的
裝束，挺胸凸肚，招搖過
市，很引起別人家的輕薄
的談論。這又為著哪一條
理由呢？」

　　二十世紀初引領中國
審美標準的偏偏就是青樓

女子，剛剛把清朝舊制打得缸翻瓦裂，有了民主自由思想的女性，忙於梳理自己美麗的羽毛，衣袖變窄變短，短襖腰身極為緊繃，裙子越縮越短，衣服從低到高再到低……

妓女一度都戴上平光眼鏡，穿著素衣長襟，扮成女學生；而女學生剛趕上一季時髦，綾羅綢緞，十足像妓女。而高級妓女交際花出現在眾人矚目的舞會筵席上，登高一呼，便震動了上海灘，波及全國，大家閨秀小家碧玉爭相效法，新潮服飾便很快流行開來，像上海名交際花唐瑛、名媛陸小曼及美術家江小鶴合開的雲裳時裝公司，每一出品，必成為最時尚的。

民國初年，留日學生日益增多。受日本女裝影響，上海的青年婦女多穿窄而修長的高領衫襖，下穿黑色長裙，裙上不施繡紋，

衣衫也比較樸
素，簪釵、手
鐲、戒指等首
飾一概棄之，
時稱「文明新
裝」。日本式
的改良西式服裝經上海人的改進很快流行起來，上衣多為腰身窄小
的大襟衫襖，擺長不過臀，袖呈喇叭形，長及肘下，衣擺多為圓弧
形，也有尖角狀、六角形等變化，略有紋式。裙為套穿式，初為黑
色長裙，長及足踝，後漸短至小腿上部，取消褶子，有時有簡單繡
紋。女學生清純、樸素的服飾打扮在當時十分引人注目，短髮或扎
辮，衣短至腰節下部，裙長至小腿中部，洋襪皮鞋，被視為女學生
的標誌。

　　然而，女學生的標誌並非女學生所專有，一些年紀小的妓女出
於招徠顧客的因素，也穿起了學生裝，於是在當時上海的卡爾登、

麗人行

裙裝女子

一品香等舞廳裡也不乏學生裝束的女子。當時的上海盛傳著這麼一則故事：一留洋回國的男青年，路上偶遇一學生裝束女子，一見鍾情，終日為之茶不思、飯不香。一日被朋友拖至青樓，方知令他痴迷的女子並非純潔的學生，而是一名「久經沙場」的妓女。從這則故事中可見當時學生裝的受歡迎程度。

上海是中國首批開放的商埠，歐風美雨在這裡有廣泛的影響，民國以後就時興洋服、洋傘、洋鞋、呢帽，女裝更是領先服飾的新潮流。高領、短襖、細腰、胸部線條自然的長裙是上海女郎追逐的時髦。

時有打油：「商量愛著應時裝，高領修裙短短裳，出色竟梳新

樣髻，故盤雲鬢學東洋。」

　　還有描述上海時髦女郎必備
的裝束的：「尖頭高底上等皮鞋
一雙，紫貂手筒一個，金剛鑽或
寶石金扣針二三只，白絨繩或皮
圍巾一條，金絲邊眼鏡一副，彎
形牙梳一支，絲巾一方。」

　　男子的時髦裝束則是「西
裝、大衣、西帽、革履、手杖外
加花球一個，夾鼻眼鏡一副，洋
涇話幾句，出外或轎車或黃包車
一輛」，生動地刻畫了民國初年
上海時髦男女的形象。

時髦男女

服飾洋化成為各階層追逐的新時尚，報刊評論說：「優裕者必備洋服數襲，以示維新。下此衣食維難之輩，亦多捨自製之草帽，而購外來之草帽。今夏購草帽之狂熱，竟較之買公債券，認國民捐，躍躍實逾萬倍。」

時髦服裝的帶頭人不僅有青樓女子，士紳大賈、洋務人士的太太小姐們也不甘落後，緊跟風尚，正所謂：「婦女衣服，好時髦者，每追蹤上海式樣，亦不問其式樣大半出於妓女之新花色也。」因此「妓女效女學生，女學生效似妓女」。什麼貴賤之等，夷夏之辨，男女之別，統統消失在追新求異的時裝潮中。在近代文明所到之處，衣冠之治的影響蕩然無存，服裝成為一個時代的窗口，展現了中國人追求個性自由的千姿百態。

從西服洋裝傳入中國以後，輕盈俐落、緊身貼身的西式連衣裙

馬甲

吸引了中國女性，促進了傳統服裝的改良。寬大的衣褲逐漸收小，
闊條的緄邊也隨之縮減，扁扁的「韭菜邊」，圓圓的「燈果邊」，
都是窄窄的，俗稱「線香緄」，在民國初年甚為流行。袖子縮短
了，像支喇叭，飄飄欲仙，露出一截纖纖玉腕，領子卻是高高的，
據說這是模仿西式女裝敞開而高聳的翻領，到中國就演變成把脖子
緊緊裏住的高立領，收攏的腰身，襯起高高的胸部。這和原本寬大
直筒式的旗裝大異其趣，然而這就是流行至今的旗袍的雛形，顯然
是依照西方流行的人體曲線美加以重新剪裁，演變而成的。

　　旗袍的產生，大約在1914年到1915年間，風會中心，自然是
在上海這個東方都市。旗袍的式樣，也是年有不同，它既是從滿清
女子服裝發展出來的新鮮式樣，據說也是受當時男女平等思潮的影
響，欲改變歷來女人「兩截穿衣」，和男人一樣穿渾身上下一截的
衣服而誕生出來的。旗袍最初以馬甲的形式出現，即馬甲伸長及足
背，以代替原來的裙子，加在短襖上。到了北伐軍北進，旗袍風行
一時，下擺也漸縮短，上升，馬甲改成有袖子的了。

環球飛行

學習飛行術、騎馬成為月份
牌高手經常表現的題材

　　　　　　旗袍的變化開始集中在
　　　　領、袖及長度等方面。先是
流行高領，領子越高越時髦，即使在盛夏之日，薄如蟬翼的旗袍也
必配上高聳及耳的硬領。轉而又流行低領，領子越低越摩登，當低
到無法再低之時，索性穿起無領旗袍。袖子的變化也是如此，時而
流行長袖，長過手腕；時而又流行短袖，短至露肘。

　　至於旗袍的長度，更有許多變化。1919年間，旗袍已上升到膝
踝下，比之五年前，短了七八寸，袖口也隨之縮小。當時，歐美正
流行短裝，也許是受外來影響，那時的旗袍多多少少合上了些新女
性的風格吧。

　　可是沒多久，旗袍的下擺又慢慢拖下來了，到了1930年以後，
拖到腳背，和初行時差不多了，袖子也到適中長度。有一個時期，
流行旗袍加花邊，鑲縖條，或用亮晶晶的銀片邊，有的還在前襟上

用銀片鑲出各種花朵來，
閃爍炫目。旗袍左右兩邊開
衩，衩的高低也隨著旗袍的
長短，忽高忽低，真是年有不同，季有新式。那時旗袍的腰身，趨
向狹窄，毫無保留地顯出女性全身的天賦身段來。一部旗袍史，離
不開長了短，短了長，長了又短，怎樣才算時髦，連美術家也要搔
相問天，不知所答。

　　三十年代的上海，是上流社會名媛、太太們的樂園，她們的奢
華生活和追趕時髦的做派，在中國歷史上是空前絕後的。她們熱衷
於游泳、打高爾夫，學習飛行術、騎馬。非常崇尚西式服裝的合體
和便利，加之三十年代歐美服裝流行趨向收腰和女性化，這就注定
了旗袍會變得長而緊身和高級，從而符合三十年代精緻玲瓏、開放
活潑的理想形象。旗袍款式在傳統的基礎上廣泛吸取西服特點，成
為一種中西合璧的服裝，且不斷創新，不斷變化，三十年代末出現
的一種「改良旗袍」，使袍身更為適體和實用，不僅不以顯示身材

為恥，反而以玲瓏突兀的
女性美為榮了。改良旗袍
的出現，奠定了現代旗袍
的結構，已然成為全中華民族獨具特色的「國服」了。

　　四十年代的上海充滿了硝煙，經濟蕭條，物資匱乏，物價飛
漲，尺絲寸縷非常昂貴，大多數國民皆無心於服飾的奢侈。據四十
年代初報載，衣料漲百分之百，故而在服飾裝扮上力行節儉，倡導
「舊衣運動」。當時頗有影響的《申報》就評道：「在這國難深重
的今日，正應節約救難，提倡舊衣運動……」；「只要求其適體、
經濟、萬一要做新的，就採用純粹的土布……要注意身上穿的都是
國貨。」

　　從清政府被迫開放門戶，上海的國際交往增多，從歐美輸入布
匹、羽紗、呢、絨等，洋綢、洋緞、洋布就充斥了國內的市場，國
外廉價商品的大量輸入，大大壓抑了國內同類商品的生產和銷費，

國貨銷售一度發生困難。為了打開國產服裝的銷路，早在1930年1月9日，有關人士在上海大華飯店舉辦了一場「國貨時裝表演」，這可以說是我國的首屆時裝表演活動。據1930年出版的《生活周刊》雜誌登載，表演的服裝品種有男式西裝、女子長體旗袍、婚紗服和禮服等九類。表演場上，經挑選的男士和女士們穿上指定的服裝緩步依次出場，給人以活潑和新奇的感覺。據載，這次表演吸引了千餘觀眾，盛況空前。另外，籌辦方還邀請了各類明星穿著各種新奇式樣的服裝，以達到加強宣傳新產品的作用。

1932年，「一‧二八事變」之後，全國又開展了轟轟烈烈的抵制日貨的運動。當時，東洋花布在滬大量傾銷，江浙滬一帶農民紡織的土布在市場上一落千丈，經濟利益受到很大的損害。有「江蘇怪人」之稱的張翼聘請良師設計新穎的圖案，組織農婦學習，在短期內突擊編織出大量鮮艷美觀的新式土布。他發起開設土布商店，在南京蓬萊國貨市場舉辦「土布運動大會」。為擴大聲勢，增強號召力，張翼登門拜訪著名電影明星胡蝶，邀請她蒞臨出席大會。

繼旗袍之後，女裝大衣開始流行

　　大會開幕時，工作人員一律穿著土布服裝，呼籲各界人士購買土布，以實際行動支援抗戰，振興農村經濟。隨後胡蝶和十多位明星，穿著特製的土布旗袍，繞場數周以作示範，傳統圖案質樸古拙卻又變化繁複，經過了改革，色彩更加艷麗，閃爍著東方古老智慧的光芒，又富含生活氣息，穿在明星身上，更是流光溢彩，婀娜多姿，很快引起了群眾的購買慾。義賣處人頭攢動，土布很快銷售一空。一時，滬上名媛淑女，爭相以穿土布為榮。馬路上經常看到身穿土布長衫、中山裝和旗袍的先生女士，有幾所學校還製作土布校服，構成了上海流行一時的街頭風景線。社會輿論對於服飾節儉的倡導，可謂用心良苦。四十年代旗袍的趨勢便順應了這個潮流，長度減短，更為合體，更能表現女性曲線，暴露程度有所加大，配穿方式層出不窮，穿著範圍也更加廣泛。

時裝模特

　　繼旗袍之後，女裝大衣開始流行。從前的女人，只穿一件綢質的斗篷，早在民國初年，斗篷已經不大時興，有些洋化的女人，開始模仿西方婦女的外衣，於是就有了最初的中式女裝大衣。開頭，只是由西裝洋服裁縫兼做，逐漸才有了女裝專家，當年靜安寺路、同孚路（今南京西路、石門二路）一帶，都有第一流的時裝公司，其中以雲裳、鴻翔為最；其次，法租界霞飛路（今淮海中路）一帶，也有很多時裝店；又次，就在四馬路湖北路一帶。

　　雲裳時裝公司初創於1927年，創辦人如唐瑛、江一平、江小

鶴、陸小曼，都是上海一流人物，登高一呼，閨秀震動，大衣便成為婦女不可少的打扮了。不過這些創辦人只能開風氣，而不能做事業，雲裳公司不久就轉手，給本行做去了。

大衣初行，本來是冬季外衣，接著就時興春秋兩季的夾大衣，還有初暖新寒時節的單大衣；夏夜，也可加件白色的綢外衣，這種大衣，就只是純作裝飾之用了。

舊時的上海，在冬天還是用得著皮大衣的，男人用不著的高貴

鴻翔

皮貨，如灰背、紫貂都成為小姐們的寵物，從東北關外來的價錢都在萬金以上，已不足為奇。其後外國貨輪入，譬如俄國灰背、美國紫貂、德國兔皮，也為太太們所喜好，價錢也頗不便宜。據鴻翔老板說，一襲黃狼皮大衣，也得銀洋一萬元。

貂皮當然更名貴，不過狐皮也不錯。市面上流行的，以玄狐為最珍貴，純黑色。草狐品質差，可是集狐成裘，也是上品，可值千金，李白所謂「五花馬、千金裘」是也。

上海女子時裝業的興起，比男子西服業稍遲。它的創始人是上海浦東川沙縣趙家宅的趙春蘭。他從小繼承父業，學習本幫裁縫，後在一家基督教牧師家做裁縫，才開始接觸到女式洋服，並對此表現出深厚的興趣。此後趙春蘭隨牧師去英國學藝三載，藝成回國，在南市曲尺灣開了一家專做女子洋服的成衣舖，收的徒弟都是同鄉親屬的子弟，和男子西服業「奉幫裁縫」幾乎一統天下的局面有著異曲同工之妙。女子時裝業的最初幾代技師，毫無例外地都是浦東人。

身著旗袍的時尚女性，「曲線美」一覽無遺

　　上海第一家由中國人開設的女子時裝店，是1914年由浦東南匯人金鴻翔、金儀翔創辦的「鴻翔時裝公司」，他們是女子時裝鼻祖趙春蘭的第四代傳人。鴻翔時裝公司從1914年在靜安寺路張家花園（今泰興路）的三開間店面到1932年擁有東號、西號的頗具規模和影響的公司，僅僅用了十八年時間。

　　進入二十年代，上海婦女由於受西方生活方式的影響，服飾日趨華麗。長期以來，中國婦女的服裝，在裁製時多採用直線，胸、肩、腰、臀完全呈平直狀態，沒有明顯的曲折變化。二十年代以後，中國婦女有了「曲線美」的意識，一改傳統羽慣，開始將衣服裁製得稱身適體，這種服裝裝有墊肩、硬領。

　　「鴻翔」順應時勢，能依據顧客的體型特徵、衣料性能和時裝款式進行立體裁剪，縫製的時裝合身貼體，不吊不裂，有「天衣無

縫」的美譽，即使久
穿也不會走樣。

　　當時，上海還有
不少外籍人士開設的女子時裝店。今天的朋街服飾公司就是由德籍
猶太人立納西為了躲避法西斯納粹的迫害，於1935年在南京東路
61號二樓開設的。「朋街」不僅大衣、夾克質量上乘，立體裁剪堪
稱一絕，而且它還把盛行於歐美的時裝展示方法引進上海，每年舉
辦流行時裝發布會，邀請金髮碧眼的西洋女模特進行時裝表演，一
時名聲大噪。

　　三十年代，上海的成衣鋪已有兩千多家，成衣匠四萬餘人，約
有二十萬人靠此為生，差不多占那時上海人口的十分之一。成衣匠
標出「蘇式」、「廣式」來，也可以說代表了兩種最時尚的樣式。
其實，上海衣式，可分為蘇幫、揚幫、寧幫、本幫，各有各的主
顧。

四大百貨

　　上海《民國日報》總編輯葉楚傖先生有一天在著名的高長興酒店喝酒，酒酣耳熱，他忽問身邊共飲的朋友；「上海什麼店的招牌最多？」有的朋友也舉了幾個名稱，他都搖頭說不是，最後他幽默地說出「蘇廠成」三個字來，大家哈哈大笑，原來他是截了「蘇廠成衣鋪」的前三個字來說的。

　　也正是在三十年代，上海才有了真正的現代意義上的「時裝」。外國衣料的源輸入，還有紅極一時的月份牌時裝美女畫的變化，化妝品和化妝手段添加了很多西化的成分，身上的服裝，除了流行的旗袍外，又多出了西式的裙、褲等。

　　女人的化妝之風始於何年，實在無從考證。但不管何時何地、財力如何，「當窗理雲鬢，對鏡貼花黃」似乎也應該算是天經地義的事情。

先施百貨

　　梳妝盒裡放著一盒雪花膏、一只粉盒子、一管口紅，還有一瓶香水。雖然那時的化妝品遠沒有今天這樣豐富，但是中西合璧的裝備已經讓小姐們信心大增。你看，雲鬢輕掃，濃妝淡抹，忽然間，一個平常女孩變得亭亭玉立了，這就是化妝品的魅力。

　　二十世紀三十年代，上海市面上化妝品已經有很多種類和品牌了。香粉是修飾容顏的基本材料，所以，小姐的梳妝台上最多大概就是粉盒了。當年如果要送小姐禮物，那麼香水會是一個很好的選擇。

　　讓小姐們趨之若鶩的四大公司——先施、永安、新新、惠羅公司，是女人們最喜歡去的地方，在那裡可以買到各種品牌的化妝品，頂級的是只有少數人用得起的「伊莉莎白雅頓」，讓大多數人印象深刻的是「密絲佛陀」，這和它的廣告效應恐怕不無關係。翻開當年的生活雜誌，「密絲佛陀」可能是出現頻率最高的一個廣告。來自美國的品牌，打出了好萊塢明星的招牌，確實讓不少太太

《良友》雜誌

小姐為之心動。

　　當然，國產化妝品也不甘示弱，到四十年代國內化妝品的生產能力大大提高，價廉物美又是它最大的競爭優勢。那時就有專家在雜誌上諄諄教導，應該如何正確挑選化妝品，不要一味地崇洋媚外大有和進口化妝品叫板的味道

　　各大報刊還專門開闢了時尚專欄，專門教授女性如何從各個方面來修飾自己，涉及這方面較多的雜誌要數《紅玫瑰》和《紅雜誌》。這類雜誌每期都有「年紀一到二十五六歲，不能過分俏麗，也不能過分素談……」、「春初穿一件玄色素綢的旗袍，尺寸不可過長，袖口配上潔白的銀鼠……」，或者「袖子大了，很不方便，現在想法子用兩根寬緊帶把它束起來……」等等類似的內容，叫人閱後受益匪淺，還有《良友》畫報等，無疑都推動著新時尚的產生與流行。

　　和早些時候的月份牌畫家一樣，當時繪製時裝新裝成為了一種新的繪畫內容和形式，不少畫家就是以擅長畫「時裝設計畫」而出名的。如何志貞女士，以及畫家張光宇、葉淺予，漫畫家葉淺予等，就經常為《玲瓏》繪畫各類婦女時裝，包括各季新款時裝，以及晨、昏、晚、交際，乃至是學生裝、運動裝等。1917年所作的時裝設計畫，給人以一種「實用的裝束美」之感。

　　歐洲和日本的摩登時裝，從短裙、內衣以及色彩等方面影響著國內的女子，仿效的人越來越多。甚至還出現模仿美國的簡便裝束，愛好運動的女士們多穿紅色鑲銀鈴的百褶裙，並以文胸代替舊時的肚兜（我國自古流傳至今的一種用紅布繡花，並加金銀鏈，掛在頸部的護身衣）。

　　二十世紀初的女性照片或畫像上，她們的胸部都是平平的，幾乎和男人一樣。進入民國之後，自由解放的思想逐漸建立，男人剪辮子，女人放足，那些長長的束胸帶和裹腳布一樣，成為女子革命

的對象。以自然之身著裝示人，就是當時新女性的選擇。薄薄的旗袍裡，透出了肚兜或是背心的輪廓，自然優美的曲線被大膽地展示出來。當然，那時女人的內衣還只是肚兜和背心。

同樣在這幾年間，西方女性的內衣已經經歷了兩次革命，女人們早已擺脫冗長的束胸帶，就連那些能塑造蜂腰肥臀的束身衣也被追求自由輕鬆的女子拋諸腦後。取而代之的就是文胸。直到二十世紀三十年代，上海人第一次從好萊塢電影裡看到了文胸這種東西。面對這一能夠修飾體形、展現風姿的法寶，上海小姐們躍躍欲試。於是，尚法國的舶來品千里迢迢運到上海後，文胸就在上海各階層的女性中慢慢流行開來。

真正讓上海小姐開始接受文胸的是在上海有了一家名叫「古今」的胸罩店之後。據說「古今」的創始人是三十年代流落到上海的白俄，不知是為了保持自己的習慣，還是看到了其中的商機，在熱鬧的霞飛路上開創了這個品牌店。她們在滿足自身需求的同時，

也成就了上海小姐追求優美體形的願望。它的最大特點就是「量身定做」，後來用文胸的人慢慢多了起來，各種品牌的胸罩店也就越開越多了。

　　有了文胸之後，新潮的上海小姐又穿起了文胸式的泳裝。夏日裡，一些姑娘不會游泳，也坐在淺水中請人拍攝幾張曲線美的倩影。在爭取男女平等的時代，女性不僅可以涉足體育，而且還穿著泳裝走向遠東和世紀的賽場。從束胸到使用文胸，不過是二三十年的時間，而人們的審美觀念卻發生了翻天覆地的變化。不僅如此，在上個世紀的三四十年代，就已經有大膽的上海小姐嘗試隆乳和使用假乳。從這點上，大概可以看出上海女性的超前和她們勇於走在時代前列的創新精神。

　　除了服裝之外，近代上海婦女所用的首飾，也很有特色。最早，一些時髦的婦女頸間多掛有項鏈，項墜被製作成為心形小匣，內貯玉照；耳際懸掛著耳環、耳墜。由於在當時不尚穿耳，耳環多

老鳳祥

採用活動的夾子，手指上大多戴有戒指，手腕上戴手鐲或手錶，胸前還佩有別針，外出一般還拎著小巧玲瓏的提兜和製作精美的絹傘。

　　身處西風勁吹、市面繁榮的年代，摩登女性的服裝漸漸已不局限於旗袍一種，通過報紙雜誌和歐美電影的宣傳介紹，千姿百態的西式服裝傳進了上海，連衣裙也開始普遍。摩登女子必須根據不同的場合、季節和服裝來選擇不同的項鏈、耳環、手鐲、戒指、胸針等飾物。於是金銀首飾、珍珠翡翠就成了太太小姐們分外垂青的收藏。不管是電影明星還是普通百姓，身上都平添了許多飾品。首飾盒大概也就是當時小姐、太太們身價的另一種體現了。

　　說到當年的首飾，就不能不提「老鳳祥」。1852年，在南市小東門開了一家上海最大的自產自銷的金銀首飾店──老鳳祥銀樓。招牌一掛，立即顧客盈門，生意興盈。1930年，「老鳳祥」遷到

了南京路。太太小姐們便接踵而至。中國人買首飾向來有這樣的目的,一是為了裝飾,二還為了保值。老鳳祥的金字招牌,自然滿足了人們這樣的需要。

在那個對金銀飾品非常嚮往的年代,老鳳祥的天花板和地板都是值錢的,因為那裡嵌著金子,而金子就是金錢,而且是可以帶給人美麗的金錢。在女人的飾品中,實在不只有首飾,她全部的裝備還要加上各種大小不同、質地不同的包袋,裝飾用的扇子和陽傘,高跟鞋自然也是少不了的。

開埠以後的上海,大批洋人落戶,他們帶來了很多新鮮的東西,最早讓上海小姐們興奮不已的就是高跟鞋。在旗袍正在盛行的年代,高跟鞋比洋裝更早地讓她們感受到了時尚的魅力。

在一些老照片裡,母親的小腳和女兒的大腳站在了一起;外婆的小腳和孫女的高跟鞋站在了一起。時髦的高跟鞋迅速地流行起

來，不管是小家碧玉還是大家閨秀，不管是名媛淑女還是風塵女子，只要滿十六歲，一律都穿起了高跟鞋。

　　1938年出版的《玲瓏》雜誌，在中頁用了整整一版的篇幅介紹「婦女們的鞋子」。漂亮的高跟鞋或端莊或活潑，各款各式足以發布當時高跟鞋的流行趨勢了。有的鞋面緊緊裹著腳，只在腳趾頭上露出一個孔；有的鞋面上綴著小小的蝴蝶結；有的用兩種皮鑲拼，露出腳趾和後跟；還有的鞋口做成了月牙形，整個鞋面撒滿了小小的孔。細細看來，和今天的高跟鞋實在已經沒有多大的區別了。

　　這樣的高跟鞋是當時出入各種社交場合必備的行頭。在這個行列裡，經常可以看到上海灘的淑女名媛、大家閨秀。著名詩人徐志摩的妻子陸小曼是當年上海灘紅極一時的人物，她的著裝就是當年

的時尚。穿著旗袍，
踩著高跟鞋，當年的
上海小姐款款而來。

　　對於女性的時裝和美容術，《玲瓏》雜誌也多有介紹。有介紹
女性如何修飾身體，如《摩登的腳》，就是教女性如何做腳部運動
和按摩，使腳部優美，不致變形或生雞眼，以便能穿上當時婦女最
摩登的高跟鞋；《怎樣使手美觀》則指出女性在修甲後要在指甲軟
皮上塗美容膏，而勤於工作的女性還需塗滋潤手部的化妝品。更細
緻地，就連指甲修飾也有提及——把指甲磨短，再塗上美指油，最
後塗上甲膜膏或油。雜誌還經常報導好萊塢及上海電影明星的新聞
和形象，讀者從中可以了解明星的最新潮流及裝扮。此外，《玲
瓏》也有論及如何達到鬢髮美麗效果的文章

　　頭髮，對於時髦女子來說也是向來不會懈怠的。時尚的變化，

髻髮

科技的進步，讓女人們在不同的條件下，演繹出千變萬化的髮型。

民國初年，女子多半都梳髮髻，變化也只在髮髻上體現，比如橫S豎S之類的。雖然也有很多種梳法，但是對於一個年輕女子來說還是遠遠不夠的。標新立異的髮型改良最早同樣也是源於青樓女子。她們最初的創意是，除了腦後梳髻之外，還在額前多留了一綹頭髮，稱之為前瀏海。前瀏海桃子式、一刀平等多種變化。

大波浪髻髮

二十年代中期，隨著革命思想的深入人心，女子也學男人的樣子開始剪短髮了。那時，短髮就成了知識和進步的

116

象徵。

　　三十年
代以後又是
好萊塢的電
影刮來了旋
風，美麗的
電影明星，
不僅展示了迷人的西服洋裝，那一頭飄逸的鬢髮更是讓人神往不
已。當然，馬上學習是毋庸置疑的。在還沒有電燙的時候，上海的
女人們燙髮的工具是火鉗。把火鉗放在火裡燒燙，再在頭髮上夾出
一卷一卷的波浪。這種做法一直到很多年以後還被愛美的上海女性
拿出來嘗試，但在四十年代電燙出現之後一度就無人問津了。電燙
給女性的髮型帶來了革命性的變化，頭髮的款式由此而變得非常的
豐富。大波浪、油條卷、反翹式，花樣繁多。看看這些老月份牌，
中國的美女幾乎都擁有著一頭外國美女似的鬢髮，可見燙髮在當時

好萊塢女星

是多麼的盛行。

　　大概也就是從三十年代開始，上海灘上一批高級理髮店應運而生。「南京」、「紅玫瑰」、「華安」……家家生意興隆。

　　女性裝扮的演變，歷史沒有合理性可言，只有「時髦」兩字一直統治著中外婦女，這在古今都是一樣的。

第四章　花樣的年華

紅杏枝頭花幾許

　　二十年代末，上海舉行了一次規模較大的「上海小姐」選舉，永安公司郭家的女公子、畢業於中西女中的郭安慈榮獲冠軍，獲得了「上海小姐」的稱號，獎品是一輛令人羨慕的高級轎車。到1931年7月，明園舉行國際性的選美比賽，這位「上海小姐」已躋身於評委行列。這期間，郭安慈活躍於上海社交界，頻繁出現在各種慈善場合，並且應邀參加各種時裝表演，成為了一名名至實歸的上海名媛。

　　「媛」，就其字面意義解釋為美女的意思，並沒有註明未婚已婚或者是年齡上的界線，待到在「媛」前面加上一個「名」字，那麼這樣的定義也許是最貼切的：

　　「她們是淑女中的淑女，女人精華中的精華。稱為『名媛』，絕對講究階級講究出身。她們既有血統純正的高貴族譜，更有全面的後天中西文化調理：她們都持有著名女子學校的文憑，家庭的名師中既有前朝的遺老遺少舉人學士，也有舉止優雅的英國或俄國沒

郭安慈

落貴族的夫人；她們講英文，又讀詩詞；學跳舞鋼琴，又習京昆山水畫；她們動可以飛車騎馬打網球玩女子棒球甚至開飛機……靜可以舞文弄墨彈琴練瑜珈……」——程乃珊。

　　就像郭安慈，從中西女塾畢業時，已經是一個會騎馬、會跳舞、會射擊、會一切新鮮花樣的小姐，縱然美艷多姿如陳白露，也是沒有資格以「名媛」來稱呼的。

　　三四十年代活躍在上海灘交際場上的名女人，《春申舊聞》裡有這樣的記載：「上海名媛以交際著稱者，自陸小曼、唐瑛始。繼之者為周叔蘋、陳皓明。周為郵票大王周今覺的女公子。陳則為駐德大使陳震青之愛女。其門閥高華，風度端凝，蓋尤勝於唐、陸。自是厥後，乃有殷明珠、傅文豪，而交際花聲價漸與明星同流。」

　　舊時上海有名的「交際明星」當然不止這幾人，但無論是哪個，能有資格被稱為「交際明星」的，首要條件是當時被公認的「

徐志摩與陸小曼

名媛」，必須出身名門，縱然不一定家境十分富有，但總是有相當
社會聲望的人家，這點是毫無疑問的。

徐志摩一度曾是滬上小報「上鏡率」較高的作家。究其原因，
不在於徐本人，而在其夫人陸小曼和他們的浪漫愛情。陸小曼一直
是被小報稱為「交際花」的社交明星。她本人也喜歡時不時地在小
報上發些短文章，以張聲勢，平日與小報文人素有交往。

父親陸定曾在北洋政府擔任財政部司長，後創辦了中華儲蓄銀
行。陸小曼十六七歲的時候，就已經精通英、法兩國語言，擅彈鋼
琴，長於繪油畫。據說，在學校時，她的一幅油畫為外國人所欣
賞，並被買去，所得二百法郎，作為學校的辦學經費，此事在當時
引起了校內外人士的注目。

二十歲左右，陸小曼師從賀天健學畫、汪星伯學詩，天分甚
高，故進境頗速，所作山水秀逸如其人。然而頻繁的社交活動，使

唐瑛

她不能在畫畫上傾注太多的時間，於她而言，作畫僅是閨房餘事吧。

　　唐瑛出生在1910年前後，父親是滬上留德名醫，兄長唐腴廬是宋子文最親信的秘書，平時和宋子文形影相隨。當年宋子文在上海火車北站遇刺，刺客認錯了人，開槍誤殺了宋身旁的唐腴廬。為此宋子文很覺內疚，除厚贈撫恤之外，對唐氏家人一直都很照顧。唐瑛從中西女塾畢業後，嫁給從法國留學歸來的市政水道工程師李祖法。李是上海灘上有名的「寧波小港李家」的家族成員，李家大部分都是社會名流或富商，其父李雲書更是滬上巨賈。唐瑛下嫁李祖法後因性格不合而離婚，改嫁北洋政府國務總理熊希齡的侄子熊七公子。

　　唐瑛的漂亮中透出幾許西洋女性的風味，談吐舉止十分活潑。在當時的社交場合，唐瑛無疑是風頭最足的。二十世紀四十年代來，唐瑛去了香港，後來又移民去了美國。

陸小曼

　　周叔蘋是上海著名的實業家周今覺的女公子。周今覺開了好幾家廠。稱他為「郵票大王」，是因為他喜愛集郵，所集藏的郵票總價值為全國集郵者之冠。其中一件清末紅印花加蓋小字1元四方聯是世間孤品，據1941年《世界郵票年鑑》估價為五萬美金。這在當時可算一筆相當大的財產，能買十輛十六只汽缸的林肯豪華房車或一幢花園洋房。

　　周叔蘋經常出入上海上層社會的各種社交場合，十分活躍，同時還翻譯一些英文短篇文學作品，在林語堂主編的《西風》等高品位雜誌上發表。由於她的家庭背景、社交能力和在文學上的成就，使她成為當時上海上流社會中的交際明星。

　　周叔蘋在台灣出版過很多本書，是和《城南舊事》作者林海音齊名的同輩女作家。

周叔蘋

　　當年上海的交際名媛如唐瑛、陸小曼、周叔蘋等都出身名門世家，但也有少數人並非名門出身而成為社交界名花的，其中最出名的就是被多家小報稱為「亂世佳人」的「黑貓」王吉。

　　「黑貓」這外號具有雙重含義。其一是由於王吉在嫁人之前曾在上海有名的黑貓舞廳中當過伴舞女郎，不僅善於伴跳華爾滋和探戈，還能表演西班牙和吉卜賽舞蹈，常常獲得滿場喝彩；其二是她常年穿黑色衣裙或旗袍，束玫瑰紅腰帶或辮帶。

　　王吉可稱是多才多藝，她能操英、法、日三國語言，又會書畫，是當時有名的畫家符鐵年的入室弟子；她還善於演唱京劇、昆

王吉

曲，曾與梅蘭芳合演過《遊園驚夢》，飾演春香。

　　上海解放前夕，王吉去了香港。也許是由於年華已逝，也許是
看透了浮華世相，她在香港的生活變的十分低調，幾乎不和過去認
識的人來往，只是靜悄悄地過著平常日子。

　　抗戰勝利之後，上海灘上又出現了一些活躍在交際場中的名女
人，如夏丹維、謝家驊等，但在家世、教育、修養和才藝上都稍遜
於前面述及的那幾位了。

　　名媛作為一代時尚的領袖，在昔日的上海灘有著眾多的仿效
者，報紙雜誌的廣泛宣傳和報導對其形象的深入人心起到了關鍵性
的作用。

《良友》雜誌

　　二十年代的上海已經有了多種多樣都市風格的休閒畫報和雜誌，它們在倡導都市生活方式的同時，及時地報導海內外都市生活的資訊。1926年創刊的《良友》在大陸地區一直辦到1946年，超過百分之九十的封面都是都市時髦女郎、貴婦人和電影女明星的照片，可見它給自己的基本定位是時尚刊物。隨後滬上很多的雜誌都闢有專門的「名媛介紹」欄目，每一期介紹的名媛，其穿衣打扮、休閒方式很快成為了時尚的熱點。

　　這些攝影鏡頭關注下的模特們，優裕的生活環境、摩登的生活

麗人行

內涵與時尚並著，
成了「摩登」女性
的一致追求

方式、一顰一
笑、哪怕是衣
飾上微小的細
節，經由畫報
上的圖片，形
象而又到位地
主宰著舊上海

摩登的那一方天空，也讓我們在近一個世紀後的今天，透過泛黃的
紙片得以一窺曾經籠罩在滬上名媛們頭頂的那一輪璀璨榮光。

　　傳媒在曝光名門閨秀、交際明星的同時，幾乎是量身定做地為
最有條件緊跟時尚的中產階級女性提供全方位的實現摩登的方案，
以進一步延伸它的讀者群。

　　此時的「摩登」已不等同於時尚，它的內涵和外延都較時尚要
深遠的多，以《玲瓏》雜誌為例，它提倡女性不要單以外表來展現

摩登女性

摩登女性的形象。作為摩登女性，內在修養亦十分重要。其中有一篇《真正摩登女子》中指出，女子打扮時髦、會講洋話、會跳交際舞並不算得真正摩登，一個女子要真正可以配稱摩登，至少須有下列的條件：

1.有相當學問（不一定要進過大學，但至少有中學程度，對於各種學科有相當的了解）。

2.在交際場中，能酬對，態度大方，而不討人厭。

3.稍懂一點舞蹈。

4.能管理家政：

甲、會怎樣管僕人；乙、自己會烹飪；丙、能縫紉（簡單的工作，不需假手他人）。

摩登女性不將「賢妻良母」視為終極職業，結婚並不妨礙她們的前程

　　這些觀點足以證明，《玲瓏》所針對的讀者群已漸漸指向城市的中產女性。從歷史的角度觀察，三十年代，也只有中產的摩登女性，除了要有不低俗的摩登外表外，才需要有親力親為照顧家庭的內在修養。

　　這些刊物構建了上海中產女性的摩登形象，也鼓勵這些女性仿效名媛作公開社交。三十年代上海社交名媛梁佩琴在《玲瓏》內說道：「女子到社會場中去交際的目的，老實說就是希望多認識幾個男友。」另一位舒如蔚女士則指出，女性應該有入時的打扮，端莊和溫和的態度，亦要有交際能力和敏捷的效率，這樣便可以吸引異性的注意。

　　公開結交男性朋友成為開放社會的正常行為，隨之，時尚性刊物開始刊載女性的擇偶心得。例如：虛偽、老實（即是不大方、不活潑）、陰險及多話話的男性為女性所棄，誠實（即是坦誠、公

130

主張追求摩登的女性們在建立家
庭以後要成為「賢妻良母」

開）、活潑、溫柔及富有的男性則為女性所喜。值得留意的是，當
時的女性雖然指出富有的男性固然為女性所喜，但也強調金錢是買
不到感情的。

　　摩登女性公開社交，除了結交男友之外，更要有對付男性的手
法。一篇題為《怎樣玩玩男子》的有趣文章，就介紹了女性要自視
高貴、架子十足、對男性要忽冷忽熱、亦要刻意和第三者親熱，但
在男子失望時向他略施青睞，這樣就可以對付男性。對於傳統中國
婦女而言，這種言論的確也是只有具一定閱歷的城市摩登女性才會
提出的。

　　當然，這也並非教導摩登女性濫交或玩弄男性，大多數刊物所
構建的摩登女性形象和三十年代新感覺派小說作家穆時英和劉吶鷗
所描繪的都會摩登尤物是絕對有別的。它們在倡導摩登的同時，也
主張追求摩登的女性們在建立家庭以後要成為「賢妻良母」。例如
《摩登主婦的四德》一文就指出，摩登主婦要節儉、早起、柔和及

集體婚禮

有同情心；另一篇《新家庭主婦之職務》也指出，主婦要照顧家庭的衛生、教育、道德、管理及財政，此外更要懂得應酬賓客、家庭陳設、園藝布置。出嫁後的女子需要幫助丈夫，這樣才可增加夫婦感情；此外，妻子要讓丈夫出外與朋友遊玩，不要使他終日待在家中；女子更應該學習縫紉、烹飪等知識，因為這是男子所希望的。

但摩登女性也不可將「賢妻良母」視為她的終極職業，結婚是不應該妨礙摩登女性的前程的。事實上，很多女性在結婚前都曾為繼續學業還是結婚而煩惱，這種情況不僅在中產階級，報刊上的結婚啟事對於名媛們的介紹，許多人也都是「某某大學肄業」，由此可見，對於當時的女性來說，結婚可能意味著學業或事業的終結。

然而，太太們的時代來臨了這點是毫無疑問的，就像上述諸多的傳媒刊物，圍繞、服務於太太們的內容日漸增多，對這些成熟又有一定家庭經濟能力的女性呵護備至、愛護有加。上海的名媛、太

閱讀時尚雜誌，或者周末和丈夫一同
去大光明看電影，也成為受過新式教
育的太太們的時尚追求

太們活躍於各種社交場合，引領並構建出這一時期摩登的上海。

1927年以後，畫報雜誌開始出現了一個新內容，就是刊登滬上大小名人的結婚照，也就是在1927年，因為宋美齡，那一時代的摩登新娘，結婚照上幾乎無一例外地頭戴差不多包住整個額頭的紗冠式頭紗。

三十年代初期，國民黨政府倡導「新生活運動」，「集團結婚」在行政手段加以組織推廣之下，因其打破了舊習俗繁瑣和花費的束縛和重壓，從簡潔中獲得了隆重，很快受到各界的肯定和支持。首屆「集團結婚」於1935年4月3日下午舉行。地點在江灣市政府大禮堂。市長吳鐵成、社會局局長吳醒亞作為證婚人出席婚禮，有約七百多名市民做嘉賓。新娘一律著藍袍黑褂、新娘身穿粉色軟緞旗袍，頭披白紗，手帶白手套，並持鮮花。結婚人胸間佩戴紅底金字的「結婚人」飄帶，其上有一征章，印有「新生活集團結婚及號碼」字樣。當時《申報》報導了結婚儀式的詳細過程。

　　首屆集團結婚共有五十七對新人參加。禮畢後，五十七對新人在音樂聲中步出禮堂，到廣場攝影留念。這次集團結婚，美國的派拉蒙、米高梅、中斯等電影公司均派攝影來現場拍攝新聞片，並在世界各大都市放映。

　　移民城市的小家庭裡多數沒有老人，新婚後的女主人們大可以按照自己的喜好布置家居，沒有孩子以前，丈夫上班，時間也都是自己的。《良友》上曾有一幅漫畫叫做「四種功課」，形容太太們婚後的生活。

　　其一：身穿芭蕾舞衣，正在作舞蹈表演；

　　其二：打扮明艷地端坐包廂裡觀劇或聽音樂會；

其三：聚會、搓麻將；

其四：著新式泳裝在海濱的沙灘上嬉戲。

　　閱讀時尚雜誌或者周末和丈夫一同去大光明看電影之餘，受過新式教育的太太們多的是老同學新知己你來我往，吃飯、喝下午茶，然後邊搓牌邊商議著下個禮拜的慈善賑災會是自己表演還是請人來得好。也許偶爾也會提到去年夏天去川沙高橋海濱的浴場游泳，用篩子除去了夾雜的小石子之後的沙子，踩上去可真是舒服，縱目遠望，潮漲潮落，水天茫茫，不免想起這時節應該要去百貨公司看看新款的泳衣是不是已經擺出來了，真盼著夏天快點來啊。

LADY'S HOME

　　百無聊賴的午後，《LADY』S　HOME》翻開在沙發的一角，這種歐美新型的流行雜誌在上海的富裕家庭太太們的閱讀內容裡早已占據了一席之地。陽光讓人感覺睏倦，想睡一覺，電話鈴卻在此時肆無忌憚地響起來，對面是小姐妹甜得發膩的聲音：「儂曉得哦，今朝新新百貨開張，去看看哦？」

　　放下話筒，對著鏡子把新燙的頭髮梳梳整齊，三七分的頭路很是服貼，妝是不想化了，就噴點香水吧，反正也不是參加什麼宴會，換上昨天剛從雲裳定做好拿回來的改良旗袍，心情便有幾分興沖沖的了，踏上皮鞋拿著皮包裊裊婷婷地出門，一邊想看這麼大件事怎麼就給忘了，怪不得今天老覺得有什麼事情沒有做呢，前兩天電台裡還在說，即將開張的新新百貨公司裡有一種新的廣告噱頭：在六樓的一個玻璃櫃裡放一台收音機，這樣顧客就能一邊購物一邊聽到著名歌星的演唱了，待會可要看看清楚，是不是真的那麼好白相。

逛街購物的喜好對於
女性來說是由來已久，其
歷史早在百貨公司出現之
前，究竟早多久，無法考
證。而這種喜好漸漸成為女性生活中不可或缺的重要內容進而演變
成一種生活方式，卻是源於二十世紀初葉。上海公共租界內幾幢多
層百貨大樓的陸續興建，尤其是「四大公司」先施、永安、新新和
大新，裡面的電梯會把顧客送往各個樓層，包括舞廳、頂樓酒吧、
咖啡館、飯館、旅館及有各種表演的遊樂場。

開百貨公司這個構思最早可能來自一個從澳大利亞新威爾士來
的海外商人馬應彪，他回到香港後「開始創辦一個公司，引進『定
價制度』，取消在中國商人中傳統的討價還價方式，並且向公眾承
諾最大的公正和真誠」，因此該公司取名「Sincere」（中文意為「
真誠」），全名即「先施公司」。從這個香港的六層樓商店開始，
1917年，位於南京路的先施公司大樓落成，上海第一家由華人創

四大公司

辦的「環球百貨公司」正式開張，先施公司首創了新的各種貨物大主顧銷售。最引人注目的是它破天荒地首次雇傭了女性店員，在當時的上海灘，女性走出家門就業的人數還少之又少，此舉頓時引起轟動。

永安公司由旅居澳洲的華僑資本家郭氏兄弟創辦。最早和先施公司一樣也是開在香港。數年後，郭氏兄弟又把眼光投向上海，決定以二百五十萬港元的巨大投資，在上海開設一家大型百貨公司。

他們選中了南京路上一塊地皮，與其業主──大地產商哈同簽訂了租期三十年，每年租金五萬兩白銀的租約。

鄭逸梅的《舊上海的茶館》一文裡提到這兩家公司在南京路上的原址本是兩家茶館，並道「原來，香港的『先施公司』和『永安公司』是面對面的，相互競爭十分激烈。上海既然在鬧區開設了『先施公司』，香港的永安老板也就一定要在上海『先施公司』的對

面，同樣開設『永安公司』」。

1918年9月5日，營業面積達六千多平方米的上海永安公司正式落成，公司下設四十個商業部，經銷商品一萬多種，其中來自世界各地的高檔商品占了百分之八十三，公司還兼營旅社、遊樂場、酒店等附屬事業，吃、穿、住、玩一應俱全。

永安公司在它七層樓高的商店裡引進了先施的全套銷售策略，當時美國金筆康克令（Conklin）在永安公司的一樓舖面設專賣櫃，永安公司聘請了年輕端莊、會講幾句英語的上海小姐促銷金筆。這一專賣櫃上有一位明眸皓齒、風姿綽約的漂亮小姐，憑藉溫文爾雅的態度和熱情周到的服務，使慕名而來的顧客頓覺賞心悅目。康克令金筆在她手裡銷路異常好，人們索性稱這位小姐為「康克令小

麗
人
行

南京路茶樓

姐」。

康克令小姐的成功推銷，帶動了不少商店仿效，之後女店員成為南京路、四川路上的一道亮麗的風景線。

在長期的經營活動中，永安公司逐步形成了一整套管理嚴密頗具特色的經營藝術，商場顯眼處高懸了一幅霓虹燈製成的英文標語「Custmoers are always right」（顧客永遠是對的）。

公司經常組織在商場內舉辦大型時裝表演，藉以招來顧客，推銷商品。表演者大多是挑選公司裡出眾的女職員。此外還有商品操作表演、美容表演、邀請電影明星演唱、贈送獎學金等一系列別出心裁的促銷手段，並且首創了由企業編輯出版的休閒時尚類雜誌《

永安公司夜景

永安月刊》，這些舉措使得永安資本集團在與同行的激烈競爭中領先了一步。

　　由於經營得法，上海永安公司在短短十多年裡，利潤年年增長，已數倍於當初的原始資本，並於1932年建了一幢十九層高的三角形摩天大樓，其中配備了最新設備：高速電梯、暖氣和空調，這段時期是永安公司的「黃金時期」。

　　第三大百貨公司新新於1926年開業，其廣告詞是「本城惟一提供高等質量，上好服務，合理價格的理想商店」。第四大百貨舒銅大新於1936年開業。

　　南京路一帶由於眾多大型百貨公司的陸續開張，形成了上海最

南京路

熱鬧的商業中心區。其繁華景象從蘇梅女士的《南京路進行曲》中
的幾句就可窺一斑：

「飛樓百丈凌霄漢，車水馬如龍，南方路繁盛誰同！

天街十丈平如砥，豈有軟紅飛。

美人如花不可數。衣香鬢影春風微。」

一個名叫達溫特的外國人寫的《1920年上海手冊》上是這樣描述南京路的：這條街的傳奇聲譽因為這些新的百貨大樓而更加聲名顯赫，這些「半外國的豪華商店其與眾不同處在於」，商店裡面「中外產品交織……銀飾品、絲綢、緞子、毛皮都種類繁多。上述商店每家在開業那天一般報導都有十萬美元的櫃檯收入」。當時，對外地來滬的遊客而言，在南京路的百貨公司裡購買現代的奢華品是必要而令人神往的儀式。

上海現代生活的物質消費指南可以在無處不在的廣告上找到，這些廣告有的被霓虹燈照著，有的貼在臨街的店鋪上，還有的是五花八門地印在報紙雜誌上。《良友》畫報上關於永安公司的一

個廣告是一幅
鑲嵌畫，包括
康克令金筆、
各種棉布、天
鵝牌絲襪、
PILSNER ART
EXPORT啤酒，和一份《良友》雜誌。從這些無所不在的廣告上，
我們可以輕易地為當時現代城市家庭的日常開銷和享受一張單子：
各類食品、洗衣粉、保健藥品、電鍋和自動汽爐、藥、香水、化妝
品、衣料、皮包、鞋、香煙、相機、留聲機等等，把單子上的諸多
物品化諸實物的是這個家庭的女主人，百貨公司往往也是通過這些
既有購物喜好、消費熱情，同時又有經濟能力的女性來及時選購公
司的時新貨品。她們成了上海時髦生活事實上的策劃者和實踐推動
者，富裕的家境縱容著太太們的這種喜好幾乎是無止境的，進而也
間接支持著百貨業興盛蓬勃地向前發展。

144

麗人行

　　這是一個眷顧女性的時代。百貨公司刻意奉迎的是女顧客，稍作留意，不難發現，它們所花的心思幾乎全都是為了挑起摩登的她們更大的購物慾望。雇用女職員也許並不是為了招攬男性顧客，而是為了更好地服務於女性顧客。

　　這個時代的寵兒們因此得以盡情展露自己迷人的風姿，這風姿很快又傳染給上海其他的女性。月份廣告牌的女主角不約而同地紛紛轉換門庭，成了太太的身分，眾多的商品廣告也把視線轉向了成熟的女性。

　　上海老牌的英雄牌絨線之所以能在國內市場上打破英國蜜蜂絨線長期獨霸市場的局面，就是因為它瞄準了絨線的選購者多數是各界婦女。廠家先在最熱鬧的南京路開辦英雄牌絨線展覽會，陳列原料樣品及絨線成品，由講解員對各色英雄牌戎線的色澤、質量、特點等作詳細介紹，又請了著名編結師在會上免費教授各種新穎花樣的編結法。最後在展覽會基礎上又進一步舉辦英雄牌絨線成品評獎

會，引起了婦女界的極大興趣。評選之日，請了社會名流到場評獎，成績分一、二、三等，分別獎以現金和獎品。此舉曾轟動上海，英雄牌絨線因之聲譽鵲起。

　　就連香煙公司也對著上海的太太們說：「日長無事，麻雀消遣，一物莫忘，美麗香煙。」

入畫的美女

月份牌的誕生源於近代中國門戶洞開後外商致力於洋貨傾銷的廣告宣傳。

月份牌原是以宣傳、推銷商品為要旨，但從它面世以來，占據主要畫面的不是商品本身，而是人物或其他風景名勝（極少量）。作為主角的商品只被處理在邊框等不大顯眼的地方，退居從屬地位。早期的月份牌，其中人物和所宣傳的商品可能全不相關，月份牌畫家們考慮得更周到的是畫中美女——如何使她們更加美麗動人。美女形象漸漸定格為月份牌永恒的主題，從最早的傳統仕女到二十年代末的清純女學生們。

以擅長畫清純女學生形象而名氣大振的鄭曼陀，把傳統人物技法與水彩技法相結合，慢慢形成了一種新畫法——擦筆水彩法。在傳統線描的基礎上淡化綠條，用炭精粉擦出圖像的明暗變化，然後用水彩層層渲染，不僅人物形象立體感很強，而且因水彩的透明與滋潤造成逼真的肌膚質感，非常適合用來表現女性豐腴、秀媚、麗

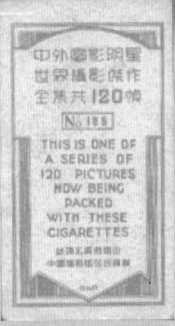

紅極一時的電影明星胡蝶走入月份牌畫中

質天成的陰柔之美。一時間名聲大噪，一幅畫作便可得數百銀洋的酬勞。

　　鄭曼陀也有少量古裝題材，例如為大昌姻公司所繪的《楊貴妃出浴圖》。從時間上看，此幅畫於1919年的作品可認為是月份牌中的第一幅裸體畫。

　　急速發展起來的商業化上海，對廣告形象的要求絕不會像幾百年才稍有變化的農村對年畫形象那種緩慢地改進，隨著民族工商業的發展，提倡使用國貨的呼聲日益高漲，民族資本家也開始廣泛使用月份牌作為產品的宣傳廣告。三十年代，當昔日名校的女學生們嫁入豪門成了名流的太太或者自己走上社會成了名流，清純女學生形象在月份牌上也已變化成為豐滿、成熟、面容端莊的旗袍女郎

了。這是當時最具消費
熱情和經濟能力的太太
們自己形象的代表，也
是今天我們的觀念裡舊
上海美女的形象。

　　月份牌隨之跨入了
它的全盛時期，很多為
月份牌做廣告的美人都
是當時紅極一時的電
影明星，如胡蝶、阮玲
玉等都被做為模特走入
月份牌畫中。全新包裝
的時裝美女，使看慣《
點石齋畫報》「海上
百艷圖」中都市仕女

的平常百姓，為之耳目一新。月份牌中的美女是第二代都市成熟女性的時髦代表，她們穿最流行的時裝，伺養貓、狗還有鸚鵡等寵物，用最新潮的物品，如電話、電爐、鋼琴、話筒、唱片等等，有最時髦的消遣：打高爾夫球、抽煙、騎馬、游泳、甚至飛行。

　　無論從哪個角度看，旗袍都應該是屬於太太們的時裝，少女纖巧清瘦的形體是無法盡展旗袍的風流韻致的。風華絕代的旗袍，風情萬種的旗袍，那麼在這樣的前提下，自然入畫的美女就非嫵媚而又不失端莊、將此種風情演繹得淋漓盡致的少婦莫屬了。

　　一張從二十世紀二十年代流傳下來的香煙廣告月份牌，畫面

中，一名美麗的少
婦抹著口紅和胭
脂，戴著一串珍珠
項鏈，身上是一件
藍色的緊身旗袍。

　　在另一張月份
牌上，粉紅色的花
綢睡袍仿佛正從一
位燙了鬈髮、笑靨
如花的美女身上水
瀉而下，隱約露出
她光潔的脊背和勻
稱的雙腿。

　　這樣的嫵媚動

在池塘邊垂釣，頭上帶著一款邊沿有著短流蘇的絲綢頭巾，幾乎把整個額頭包住，一看就知道源於宋美齡1927年所著的新娘婚紗。

人絕不是女學生形象可以盡數詮釋的，雖然從很大的程度上來說，有些月份牌仿佛過於表現了女性「性感」的一面，但它們也體現了當年婦女解放的新興運動──婦女們不再終日局限於家庭瑣事當中，而是勇敢地走出家門，去享受她們本該享受的樂趣。

畫中，上海太太們頭髮梳得水光滑亮，倚在沙發或睡榻上優雅地邊抽煙，邊和同伴絮絮而談；房間的家具陳設多數都是西式的，地毯、壁爐、長流蘇的絲絨帷幔，鋼琴上的樂譜猶自翻開在那裡，令人觀之便感覺那時的空氣一定也是芬芳馥郁，一派富貴愜意。

太太們的生活豐富而又多彩，遇有假期就在家裡請請客開開派對，平日裡不想出去逛百貨公司，那麼就約幾個昔日的同學、現在也結了婚做了人家太太的，搓搓麻將聊聊天。

戶外，小姐們身上時髦的裝束更是讓人目不暇接，鑲花邊套頭的緊身短上衣下面長褲的褲腿略帶點喇叭形，鏤空搭扣皮鞋，秋千

廣生行"雙妹"旗袍妹妹花

架後面是西式尖頂別墅和芳草如茵繁花似錦的花園，不遠處還有著孩子踩著小小腳踏車的身影。

在池塘邊垂釣，頭上帶著一款邊沿有著短流蘇的絲綢頭巾，幾乎把整個額頭包住，一看就知道源於宋美齡1927年所著的新娘婚紗。

三十年代月份牌中美女時裝造型已無定式，旗袍、裙裝、長褲、泳衣都廣泛應用，但從審美效果看，旗袍最能顯露女性線條、秀美的身段，同時又富有端莊典雅的淑女風範。月份牌畫的各類時裝中也以旗袍數量為最多，它記錄了旗袍流行變化的主要進程。都

南洋兄弟煙草公司千秋牌香煙

市摩登女性為月份牌和旗袍找到了彼此共同表達的形式,因而旗袍與月份牌得以與流行保持一致步伐,使月份牌中的旗袍總是當令新裝。

這些月份牌並不售賣,而是贈送。做廣告的公司通過報館,在送報之時便將月份牌夾於其中,連同時尚信息一同送入有錢人家中。當時有很多人將它們掛於牆上欣賞。

直至月份牌盛行的中後期,才出現較為明顯以畫中人直接傳達得商品信息,如當時的名品「陰丹士林色布」、南洋兄弟煙草有限公司的香煙等,但人物動作仍頗為微妙。因而月份牌對美女與時裝的表達獲得了比其他商品廣告更自由的形式。以今天的眼光看來,月份牌似乎更像是發布流行時裝的精美招貼畫,畫中的美女與時裝比商品更醒目、更讓人一見傾心,過目難忘。

在月份牌畫家中贏得「半壁江山」稱譽的杭稺英先生,創作過

該套香煙牌以名門淑女孫金鳳、陳翠蘭、張瑩卿、倪素娟為主要形象代言人

大量旗袍美女，他筆下的廣生行「雙妹」旗袍姐妹亭亭玉立，嬌嫩欲滴，燙髮、短袖旗袍衣長及地，都是三十年代的時尚，時髦的裝扮暗示出她們所使用的「雙妹」化妝品也最時髦。消費與品味超前的上海太太們在無形中使商品獲得了更高的可信度。在月份牌的發祥地上海，其美女月份牌素有甜、糯、嗲、嫩之標榜，月份牌中的美女，可謂代表了當時社會審美的整體趨向與追求，成為社會的理想形象。

而月份牌的價值正在於它們是看得見的歷史見證。中國現代商業的誕生、中國早期婦女解放運動和二三十年代東西方文化在上海這個中國時尚與商業之都發生的融合，都在這些小小的月份牌中一覽無餘。

四十年代，月份牌畫壇由於戰爭受到了嚴重打擊，原來蓬勃發展的上海工商業和工商美術市場一落千丈，陷入了破產、倒閉、慘淡經營的局面當中。勝利後的幾年，工商業市場萎縮，月份牌的品

種與印量大受影響，即使有些公司仍印製月份牌，不僅作品的格調不高，而且粗製濫造、偷工減料，月份牌也猶如走入了死胡同，全沒了昔日的光彩。

　　在眾多的月份牌中，煙草公司的廣告占了很大的比例，其中名列前茅的有兩家：南洋兄弟煙草公司和英美煙草公司。

　　上海卷煙業發源於二十世紀初，最早出現於上海街頭卷煙是美國杜克父子煙草公司委託上海美商茂生洋行經銷的小美女卷煙。1888年起，美商美國紙煙公司、英商威爾斯公司等也委託美商老晉隆洋行等販運紙煙來華推銷，主要產品有美國產海牌、自行車牌、華盛頓牌及自由神牌，英國產老刀牌、斯太飛、領事館、三炮台、翠鳥等牌。1895年前後，美國紙煙舒銅在上海百老匯路設廠就地製作金鳳、甜薔薇等牌的卷煙出售。其中藍星牌專供中國人消費。1902年英美六家煙廠聯合在倫敦創設了英美煙草公司，同年在上海設廠，一些煙標的名字也改為哈德門、前門、紫金山、歡迎

英美煙草公司

等符合中國人習慣的名字。

1905年，隨著抵制美貨運動的展開，中國人也開始自辦煙廠。同年，上海三星紙煙公司率先成立，自新紙煙廠、德綸煙廠、振勝煙廠也次第在上海出現，1915年廣東洋兄弟煙草公司改組後也來滬設廠。上海市場上出現了國產煙標三星、飛艇、長城、白金龍、雙喜、美麗等牌。各廠家聘請名家設計繪製的月份牌廣告畫片因圖案華美，吸引了眾多收藏家，一時間遍地煙花，爭妍鬥奇。華成煙草公司推出的「美麗牌」香煙之所以能成為上海灘上的著名品牌是和月份牌這個宣傳手段密不可分的。

當時香煙的廣告詞更是奇思妙想迭出，務必使人過目不忘或相傳。

「翠鳥」牌香煙的廣告是一篇滑稽小小說，篇名《隔壁聽》，全文如下：「熊先生和他的夫人向來是很要好的，近來卻有點不大

美麗牌香煙

和氣。為的是他的夫人疑心他有了外遇。這一天晚上，熊夫人又在門縫裡偷看丈夫。只見他攤開一張帶有題花的信箋，仿佛要寫情書一般。停了一會兒，又摸出一件小東西來，像照片似的，低著頭說，你的衣服好綠啊，我想替你穿著；你的嘴唇好紅啊，我要和你接吻。你真是一隻最好的小鳥啊！熊夫人聽到這裡，便氣憤地跑進房去，搶來一看，卻是一盒『翠鳥』牌香煙！」

五州運動提倡國貨後，華資投資煙業之風迅速蔓延，上海很快成為中國民族製煙的中心，一些國產品牌迅速走紅。華成煙公司的美麗牌、金鼠牌，福新煙公司的金字塔、嘉寶牌及中南、大東等廠的紅妹、美麗等牌紛紛參加國貨聯合展銷會，打擊了洋貨的氣焰。

在煙草文化類藏品中，除了月份牌之外香煙牌子也同樣備受青睞。當時的商家為了促銷，就在香煙盒裡附上香煙牌子來吸引顧客。香煙牌子作為一種特殊的文化載體和月份牌一樣，記錄了從婦女髮式時裝、電影明星、社會名流，到古典名著、軍事百科、風景

建築，可謂包羅萬象。

由於一些煙商用集齊若干張香煙牌子即可兌換香煙、香皂、毛巾、口紅等日用品的方法促銷，使得更多人參與收藏香煙牌子。在當時有不少文化界人士如趙景琛、鄭逸梅，都是香煙牌子的收藏者。

香煙牌子的形式除了繪製外還有直接的照相版，十九世紀末到二十世紀初，多家公司都發行了大量照相版香煙牌子，如1905年左右，單面照相版彩繪上色Henriot小姐（西方上流社會的名交際花）玉照，印製極精美，屬珍貴的香煙牌子品種，收藏價值很高。

還有珍貴的清末民初青樓女子黑白照片、電影皇后胡蝶和1925年明星公司出品的電影《空谷蘭》一片的劇照，畫面中的女子即為當年第一代的「電影皇后」張織雲。

第五章　玫瑰玫瑰我愛你

刹那芳華

「眼淚同微笑，接吻同擁抱，這些都是戀愛的代價。要得這夠味的代價，這夠味的刺激，就得賠上多少的精神，結果是什麼？無聊」。

——艾霞

1934年，年輕的韋明為爭取婚姻自主，毅然離家出去，跟隨自己理想的愛情而去，小家庭的生活一度是甜蜜的，但嘆息卻來臨得那麼快，生下女兒沒多久，恩愛就像過眼煙雲一般消散得無影無蹤，韋明被無情地遺棄了。

同樣出身於大戶人家的艾霞，她的學生時代正值新文化運動高潮時期，在民主和自由思想的薰陶之下，她和表哥相戀了。然而，自由戀愛是封建意識濃厚的家庭所絕對不允許的。在雙方家長的堅決反對之下，表哥在壓力面前退縮了。艾霞在傷心之餘並沒有屈服，為了追求她所熱烈嚮往的自由，毅然和家庭決裂，隻身南下，闖進了上海，加入田漢領導的南國劇社，開始了她的藝術生涯。

艾霞

　　1933年，艾霞在剛剛創刊的《明星日報》第一期上發表了一篇很動感情的短文，題目就叫做《一九三三年我的希望》，充分展示了一位左翼影人的面貌。在這一年中，她的確成了明星公司新進演員中最為引人注目的一顆新星。她一連主演了《現代一女性》、《時代兒女》、《豐年》等多部影片，特別是她自編並主演了帶有自傳性質的《現代一女性》，更顯露出她的文學才華。

　　《現代一女性》描寫了一個以愛情填補空虛的青年女性在革命者的啟發下覺醒的故事。在還有著文盲女影星的時代，能自編劇本的女影星顯得尤其難能可貴，艾霞成為當時著名的「作家女明星」之一，一時間電影圈子裡無人不知其名，能兼作家和女明星兩個極不平凡的職業於一身的青年女性，實在可謂鳳毛麟角。

　　孤身一人獨自帶著女兒的韋明輾轉也來到了上海，進入一家女子中學擔任音樂教員。校董王博士覬覦韋明的美貌，百般引誘，不

能如願，就串通女校長故意辭退韋明，絕其生計企圖逼她就範。沒有了收入的韋明只能致力於寫作，她把創作的小說送到書店去出版，又遭到書店老板的剝削和黃色報刊的侮辱。

生活窘迫萬狀，女兒恰又病危，為了搶救愛女的性命，陷入困窘和迷惘之中的韋明聽從了一個暗娼鴇母的擺布，答應去「做一夜的奴隸」，用自己的肉體來換取女兒的救命錢。但她萬萬沒有料到，嫖客正是厚顏無恥的王博士，氣憤之下，韋明狠狠地打了王博士一記耳光，奔了出來。

失業和貧困的折磨，黃色小報的下流誹謗，聞人惡少的引誘侮辱，女兒的垂危同學的誤解，壓得韋明再也直不起腰來。就在她的小說出版的同時，她吞下了毒藥。

韋明被送進醫院，一息尚存。無恥的小報記者寫出的「獨家消息」已經發在當天的晚報上，滿街的報販奔走著叫賣：「快看女作

蔡楚生和阮玲玉

家自殺新聞！」

　　經搶救韋明終於醒了過來，但現實中的一切讓她沒有活下去的勇氣。這時她的朋友趕來，啟發韋明要勇敢地活下去和惡勢力鬥爭，並把晚報上造謠污蔑她的所謂「新聞」給她看了。《女作家的一頁穢史》的標題赫然入目，韋明震驚了，憤怒使她覺醒，她用盡全身氣力喊出：「我要活，我要報復！「她請求醫生救她，但是為時已晚，因併發心力衰竭，韋明終於含恨離開了人世。

　　「我要活，我要報復」，韋明死了，她最後的喊聲充滿了對這世界的憤懣，艾霞也死了，她在上海寒意濃重的初春走的悄無聲息。

　　1934年2月12日，年僅二十三歲的女演員艾霞服毒自殺了，這

第五章　玫瑰玫瑰我愛你

165

阮玲玉劇照

樣的一位影壇才女在拍完《現代一女性》後卻不幸再一次陷入了愛情的迷惘之中。愛情的受挫讓她倍感失落和頹喪，周圍黑暗殘酷的現實更令她憂傷，她失去了繼續活下去和黑暗抗爭的勇氣，艾霞在孤獨和絕望中死去。無處不在的黃色小報記者們竟然拿艾霞的死大做文章，將惡毒的污水潑向她，對這位追求進步、嚮往自由的女影星大加污蔑。

1934年的冬季，當第一股寒流抵達上海的時候，蔡楚生和阮玲玉這兩位著名的影人，因著艾霞開始了一次在電影史上堪稱典範的導演和演員間的合作，「我要活，我要報復」這喊聲通過阮玲玉的嘴、通過銀幕大聲地控訴著這世界的惡勢力。

《新女性》一片是用一種緊湊的快節奏拍攝完成的，它的拍攝周期雖然只有短短的兩個多月時間，卻傾注了劇組成員大量的心血。

阮玲玉劇照

　　作為導演的蔡楚生運用嫻熟的導演技巧，在女主角韋明身上寄予了他對被壓迫被侮辱的知識女性的無限同情；同時對於影片中惡勢力的代表王博士和小報記者給予了有力的鞭撻。《新女性》的女主人公韋明其實就是艾霞的化身，故事結構有艾霞的真事跡，也有虛構的部分。

　　在《新女性》拍攝的同時，羅明佑編導的《國風》也正同時在另一攝影棚開拍，同樣是由阮玲玉擔任主角，這樣，阮玲玉便同時在兩部電影中進行拍攝。

　　在《國風》中和阮玲玉飾演一對姐妹的黎莉莉，在拍攝間隙經常來看阮玲玉在《新女性》中的表演。在這之前黎莉莉和阮玲玉早已有過數次合作，對阮玲玉出眾的表演。在這之前黎莉莉和阮玲玉早已有過數次合作，對阮玲玉的表演才華也曾多次親眼目睹，但阮

阮玲玉

玲玉在韋明服毒自殺的那場情真意切的忘我表演，仍讓她感受到了強烈的震撼。

後來她問阮玲玉：「你在表演服安眠藥的剎那間，心中想些什麼？」

阮玲玉略想了一下，答道：「很不幸，我也有相似的遭遇，只是我沒有死成。我在演這場戲時，重新體驗了我自殺的心情。在自殺的剎那間，心情是萬分複雜的，我想擺脫痛苦，可是反而增加了痛苦，有很多人的面孔出現在眼前，其中有你最親愛的人，也有你

阮玲玉遺照

最憎恨的人。每當一片安眠藥吞下去的時候，都會有一種新的想法湧上心頭。」

著名影人鄭君里也曾回憶道：「在影片《新女性》裡，我記得十分清楚，阮玲玉對角色的準備工作做得非常嚴肅，一反以前在攝影場內談笑風生的習慣。每個鏡頭的排演和拍攝都準備好充沛飽滿的情緒，一絲不苟，特別當她拍女作家自殺的場面時，每個鏡頭都是真情畢露，聲淚俱下，一場戲拍下來，她的神經似乎被震撼得支持不住。這該算是阮玲玉在表演上最下氣力的一齣戲……她對舊的憎恨，對新的熱愛的感情，從來沒有表現得這樣鮮明、強烈而飽滿。」

然而正如導演蔡楚生所說，阮玲玉終究是一個太溫情，感情太脆弱的人，讓人無時不為她的處境而憂慮。

在拍攝《新女性》一片的同時，阮玲玉自己也因為過去的感情

169

阮玲玉

導致官司纏身。對方是她十六歲開始同居，現已分手的張達民。訛詐不成的張達民目的非常明確，能打贏這場官司最好不過，打不贏也要徹徹底底地羞辱阮玲玉一番。

開庭那天，阮玲玉迴避了。但在此後的數日內，各類真假相雜

繪聲繪色的以「私生活」、「秘聞」等為題，充塞著「誘奸」、「通奸」等字眼的所謂報導連篇累牘地出現在各種小報上，尤其是一些黃色小報，極為放肆地對阮玲玉進行誣蔑、漫罵、人身攻擊。那些被《新女性》一片戳到了痛處的記者們開始大顯身手了，拋起了一場最後置阮玲玉於死地的污濁浪潮。

面對著「一犬吠聲，百犬吠影」的洶洶之勢，試問一個弱女子又如何應付，在當時的社會風氣下，這種事毫無疑問被視為是生活中最大的醜聞。阮玲玉遠較艾霞有名，雖然她已經料到會有人不懷好意地來炒這個新聞，但怎麼也沒有料到竟會炒到如此程度。在毫無準備的情況下，一盆盆髒水迎頭潑來，處境之惡劣更甚於當年的艾霞，而她根本無處藏身。

經過報紙的推波助瀾，電影女明星阮玲玉與兩個男人的故事成了街談巷議的中心事件。與此同時，報紙上關於此案的報導，準確地說是以此案為引子的許多不負責任的報導，一時間甚囂塵上，

使無辜的阮玲玉深感到「人言可畏」的切膚之痛。「新聞」和「輿論」終於一步一步把阮玲玉逼上了絕境。就在《新女性》停機後不久，阮玲玉給自己的生命畫上了一個句號，且是和韋明有著驚人相似的句號。

1935年3月7日深夜，阮玲玉吞下了大量的安眠藥，3月8日下午，她留下了足以警世的四個字「人言可畏」，永遠離開了熱愛她的人們，年僅二十六虛歲。

阮玲玉的死激起了廣大觀眾和電影從業人員對她的深切同情，也激起了人們對社會惡勢力的無比憎恨，黃色小報的記者、張達民和唐季珊頓時成為千夫所指的罪魁禍首。那幫黃色記者和一些曾熱衷於渲染阮玲玉的私生活，發表過許多極不負責任的所謂新聞報導的報紙，以及張達民和唐季珊都急於為自己開脫罪責。

黃色記者們仍試圖誤導輿論，把阮玲玉的自殺說成是受了她所

眾明星為阮玲玉送行

主演的《新女性》一片的影響，是《新女性》「教唆」阮玲玉自殺的。對此，《新女性》的編劇孫師毅憤而寫下輓文：

「誰不想活著。說影片教唆人自殺嗎？為什麼許許多多志節有虧，廉恥喪盡，良心抹殺，正義偷藏，反自鳴得意之徒，都尚苟安在人世？」

　　阮玲玉之死在轟動了一時後，復歸於沉寂。以阮玲玉個人的力量，縱然是付出了生命的代價，仍無法與黑暗的現實相抗衡。她既不是第一個也遠不是最後一個黑暗勢力的犧牲品，但是，她是最令人難以忘懷的，至少在電影界和喜愛中國電影的人們心目中是這樣的。

　　她的去世也同時宣告了一個時代「中國電影的默片時代」的結束。她的天才演技成為中國電影默片時代的驕傲，給默片時代的中國銀幕留下的許多不可磨滅的藝術形象，已永遠地載入了中國電影

的史冊，任何人要談論默片時代中國電影表演藝術的最高成就，就不能不談到阮玲玉。

　　但是事情並沒有結束，阮玲玉的很多影迷在驚聞自殺的消息後，竟有多人不約而同因自己崇拜的明星死亡而自殺，所留下的遺書內容大同小異，即：阮玲玉死了，我們活著還有什麼意思。

　　眾多的影迷雖然瘋狂地崇拜著她們的偶像阮玲玉，但也只是停留在追星的階段，惟有一人例外，那就是數年後被稱為「南國影后」的李綺年，她不僅崇拜阮玲玉，甚至還登上銀幕，贏得了「阮玲玉第二」的美譽。

　　李綺年不只外貌、身型酷似阮玲玉，就連表演風格也像阮玲玉，她柔媚的面貌，窈窕的身段，還有清麗的嗓音，活脫脫阮玲玉再世一般。

　　香港名導演關文清根據阮玲玉的生平軼事，很快編寫了一個《人言可畏》的劇本，利用李綺年酷似阮玲玉的優勢和人們仍在懷念阮玲玉的心理，交李綺年主演。

　　在影片的拍攝過程中，李綺年全身心地投入，很自然地融入了角色，設身處地地扮演自己一向模仿和崇拜的「悲劇影后」，阮玲玉的身世遭遇、感情波折，在李綺年的表演中得到了聲情並茂、栩栩如生的再現。影片上大後賣座奇佳，觀眾莫不為之潸然淚下、唏噓悲嘆。當時有評論說，李綺年的表演「活化了阮玲玉，仿佛她又還陽到了人間」。

　　憑藉著酷似阮玲玉這一優勢，李綺年很快大紅大紫起來，在香港和南洋一帶粵語片流行區，其聲譽甚至超過了當時的電影皇后胡蝶。

　　和大觀公司三年合約屆滿後，大觀公司正準備和李綺年續約，

八大女明星合影

不料上海藝華公司老板嚴春堂捷足先登，不惜重金把李綺年挖到自己的公司。

到上海後，李綺年為藝華公司主演了《女皇帝》、《梁紅玉》、《風流寡婦》、《地久天長》、《現代青年》和《賊美人》等六部影片，直到上海淪陷。

儀容和表演風格酷似一代明星阮玲玉的李綺年，感情生活也和阮玲玉有著驚人的相似。

在一次宴會上，李綺年結識了一位從福建來澳門採購西洋百貨的青年。這位文質彬彬的青年名叫林修文，是黃花崗七十二烈士之中林覺民的堂侄。

未出校門之前，林覺民的《與妻訣別書》就曾讓易感的李綺年感動得流下過眼淚，如今有幸遇到英雄的子侄，如何能不愛屋及烏？而

176

林修文對李綺年也有好感，之後，每次來澳門公幹，必來和李綺年相會。來往多了，兩個年輕人互生愛慕，海盟山誓，訂下了終身。

抗戰爆發後，熱血沸騰的李綺年寫信勸林修文棄商從軍，以叔父為榜樣，報效祖國和人民。林修文接到信後，果然挺身而出，上了抗日前線，臨行，林修文以詩相贈，其詩曰：

「從軍報國不負卿，殺敵疆場抗倭軍。且願凱歸結連理，偕赴黃崗祭叔靈。

李綺年接到信後，感動不已，她為林修文的壯舉感到自豪，同時也慶幸自己沒有看錯人。從那時起，這首小詩就一直珍藏在她的懷裡，人不離詩，詩不離人，純潔的愛情和美好的憧憬成了李綺年日後歷盡磨難而不餒的精神支柱。

1941年太平洋戰爭爆發後，上海「孤島」陷落。李綺年誓不

與敵偽合作，退出了影壇，自行搭建了一個話劇班子，靠演話劇為生。

抗戰勝利前夕，她突然接到噩耗：林修文不幸戰死疆場。愛情煙消雲散，一直支撐著她的精神支柱倒了，她的精神也隨著崩潰，李綺年被悲涼的現實、對上天的失望和孤單寂寞的陰影籠罩著，度日如年。

為了排遣難耐的寂寞，掙脫悲涼的命運，重新鼓起生活的勇氣，李綺年決定和一個名叫黎化的男人結婚。然而可悲的是，正是她的這次選擇導致了最終她的悲劇收場，婚後李綺年發現自己的丈夫竟是個不折不扣的浪蕩鬼。

1949年，李綺年領著劇團到越南和柬埔寨一帶演出，遭到了出乎意料的失敗。至此，本來就為痛失愛人林修文，繼而又遭遇不幸婚姻而消沉不已的李綺年，對自己的未來徹底絕望了。

　　在生命終結的時刻，她又一次效法了阮玲玉，在金邊的一家小旅館裡，李綺年吞下了大量的安眠藥。長眠之前她曾悲凄地對人說：「我的一生像我崇拜的阮玲玉一樣苦，就連最後嫁的丈夫也像阮玲玉的丈夫張達民。」

玫瑰玫瑰我愛你

1926年，上海《新世界》雜誌社舉辦電影皇后選舉，結果影星張纖雲獨占鰲頭，楊耐梅、王漢倫、宣景琳居其次。於是她們被稱為中國電影界最早的「四大名旦」。

和她們同時或在她們稍後成名的女影星還有許多，但楊耐梅的風騷潑辣、王漢倫的端莊賢淑、殷明珠的青春美麗，恰恰代表了中國二十年代電影女演員的三種基本類型。

成名之後的楊耐梅在愛多亞路擁有一幢二層樓的洋房，布置得富麗堂皇，她的穿著打扮也是刻意求新求異，引得一幫有閒階級的太太、小姐們竟相模仿，當時上海的幾家高級時裝公司也因為她的經常光顧而顧客盈門。

楊耐梅為人豪爽，喜好結交各方朋友，家裡常常高朋滿座，一般的市民大多為她的表演更為她大膽奢靡多彩的生活所傾倒。她也是當時被傳媒曝光最多的女明星。從留存至今的劇照上可以看到，楊耐梅長著一張類似於薛寶釵或者說是楊貴妃型的臉，非常具有中

楊耐梅

國特色，杏眼薄唇，體態豐滿勻稱，永遠的短襖長裙兩截穿衣。

曾經和楊耐梅合演過電影，並且一度借居在她寓所的名演員龔稼農回憶1925年前後的楊耐梅時說：「耐梅的生活瑣事，被具有好奇心理的影迷渲染傳播，真是街頭巷尾，茶樓酒館，人人無不以談耐梅為見多識廣。」

到三十年代，上海已儼然成為世界電影業的另一個好萊塢，年產故事片約四五百部，大量優秀的作品不僅深受國內觀眾的喜愛，同時還遠銷東南亞。

不僅如此，當時中國的傳統戲曲藝術在歐洲也有著深遠的影響。由熊式一先生根據京劇《紅鬃烈馬》改編的《寶川夫人》（Lady Precious Stream）正在倫敦國民小劇場上演，從1934年11月首演至1936年4月遷到莎服耶（Savoy）大劇院，連續上演了六百多場次，可算是倫敦當時演得時間最長的劇目，且場場滿座。後劇團又

宣景琳

至紐約百老匯布斯
劇院上演，據說轟
動效應尤勝倫敦，
原因之一是在紐約
上演時，所有的服
裝行頭均由梅蘭芳
先生在國內代為訂製，而愛爾蘭、荷蘭、瑞士、比利時、德國、法
國、奧地利等國也相繼公演了此劇。

　　劇中人物全部由英國演員扮演，據說之所以以「寶川夫人」命
名此劇，也是因為像名劇「蝴蝶夫人」一樣，容易使歐美人明白和
記憶。

　　裡面有一段也是按西俗改的，按原來的劇情西涼公主是嫁給薛
平貴的，而這時，他又早已結婚娶了王寶釧，在西方社會是怎麼都
不能讓這主角薛平貴犯重婚罪的，於是硬是添出了一位天使，來把

奧邦斯電台

西涼公主給引渡成仙了,看上去未免有點不倫不類。

　　1936年7月《良友》第118期一篇名為《倫敦「寶川夫人」觀演記》的文章裡提到:「最近凡是到過倫敦的人,莫不看過『寶川夫人』一劇……。此劇震動了整個歐洲劇壇,其魔力可想而知矣。」

　　三十年代的上海更是一個製造夢幻的地方,現代經濟成就了這座令人充滿了嚮往的繁華大都市,「歐美文明」在這塊半殖民地上的影響日漸增長,話劇、電影這類「舶來藝術」在文藝工作者的努力下,顯示出旺盛的生命力。

　　早在1923年1月的一個夜晚,位於廣東路大來洋行頂樓的奧邦斯電台開始首次廣播,這是上海開埠以來的第一次無線電播音。因為漢語中沒有「廣播」一詞,當時叫做「空中傳音」,由於當時無線電收音機屬於軍用品而受到嚴格的控制,這家廣播電台創辦僅兩

黎明暉

個月就關門大吉了。

1924年5月，美商開洛電話材料公司為了推銷收音機，在法租界福開森路（今武康路）創辦開洛廣播電台，這是上海早期出現的頗具規模的廣播電台。

無線電波在空氣中穿梭往來，到二十年代末三十年代，已造就出一批家喻戶曉的紅歌星。她們大多來自1927年黎錦暉在上海愛多亞路（現延安東路）創辦的中華歌舞專門學校，後又更名為「明月歌舞團」，這所學校曾為當時上海的電影界、歌唱界、舞蹈界培養了不少專門人才。如果想要了解上海的流行音樂，黎錦暉是怎麼都跳不過的人物。

黎錦暉的女兒黎明暉就是明月歌舞團的一員，在風氣尚十分保守的二十年代，婦女們梳長辮著長旗袍的時候，黎明暉短髮赤腳，身上穿短衣短裙，像一隻無拘無束的小鳥，在舞台上又唱又跳，她

北京大戲院首都有聲電影
的放映地

的歌舞是當時上海街頭巷尾的談論話題。

　　後來又有王人美、白虹、龔秋霞、白光、周璇、姚莉等等，她們大都由唱歌而漸漸走上銀幕，成為影、歌兩棲明星。

　　除了學習表演外，這些明星們還要學會一些電影演員必須會的看家本領，比如騎馬、開汽車等。由於職業的關係，明星們的服飾打扮、生活方式也都是新潮的，她們不再像楊耐梅所處的二十年代，僅僅是時髦的個體，而是漸漸形成一個群體，一個上海摩登女性中十分引人注目的群體，也是一直以來吸引著傳媒關注的熱點群體。

　　她們時髦而又洋派，總是走在潮流的最前端。她們出現在各種社交場合、應百貨公司的邀請參加「時裝發布會」、擅長各種體育休閒活動，如長著圓圓的鵝蛋臉，有嗲妹妹之稱的王人美，愛好是游泳，她不僅是虹口游泳池的常客，還經常去海濱浴場。

當時的好萊塢也極其重視中國的電影市場，美國商業部的對內對外貿易司從1927年就開始定期發表有關世界各國電影市場的調查報告，而它的第一份報告就是關於中國電影市場的。該報告中明確指出「三角戀愛」和「兩代衝突」之類的題材因違反傳統倫理不受中國人的歡迎，而將「大團圓」、「善惡分明」等敘事特點總結為美國電影能夠占據中國電影市場的因素，還特別提醒美國片商不要把醜化中國人的影片運到中國來。

從二十年代開始，好萊塢電影就大量進入中國，到三四十年代，好萊塢電影已占據中國電影市場百分之七十五以上。

隨著科學技術的發展，1926年，美國華納兄弟公司率先嘗試拍攝有聲電影。同年8月，有聲片首次和觀眾見面。12月，上海的新中央大戲院和百新大戲院利用美國機器放映了若干種美國有聲短片。1929年，上海夏令配克影戲院率先改裝了有聲電影放映設

胡蝶

備，半年內，上海各影院均陸續改裝了設備，播映的影片大都出自好萊塢。

　　當時的有聲片，可分為蠟盤發音和片上發音兩種。蠟盤發音就是給影片配上特製同步唱機，將片中的對話及背景聲音錄製在蠟盤唱片上，放映影片時與唱片一起放，這種方法製作設備比較簡單，費用也低，缺點是音畫容易脫節；片上發音則是利用聲光轉換原理，把音頻信號轉化為光信號，印在電影膠片右邊一行聲帶上，這也就是今天的電影普遍採用的方法，但因為技術複雜，設備非常昂貴。

胡蝶

　　座落在亨利路上的水利村，當年是一條鬧中取靜、環境幽雅的弄堂，素有「影人村」之稱。二十年代的電影四大名旦之一張織雲，就住在此弄8號；明星公司的著作影星高占非和高倩蘋夫婦住在16號；胡蝶在永利村大約居住了兩年左右，又喬遷到膠路505號，這是一幢西式花園洋房，面積要比永利村寬敞得多，屋後就有一個網球場，打網球是胡蝶夫婦喜愛的健身運動。

　　在群星閃耀的三十年代影壇，胡蝶和阮玲玉是兩顆分外耀眼的女明星。張恨水曾有一段措繪胡蝶的文字，頗為傳神：

　　「胡蝶為人落落大方，一洗兒女之態，與客周旋，言語不著邊際，海上社會，奇幻百出……胡蝶精明練達之人哉，然其性格

胡蝶

阮玲玉

則深沉、機警、爽利兼而有之。如與紅樓人物相比擬,則十之五六若寶釵,十之二三若襲人,十之一二若晴雯。」

1933年元旦,以刊載電影消息為主的《明星日報》在上海正式創刊,為了招徠讀者擴大銷路,報社發起了評選「電影皇后」的活動。活動一推出就引起了廣大影迷的濃厚興趣,投票非常踴躍,活動開展近兩個月,收到選票數萬張。

2月28日,選舉揭曉,胡蝶以21334票名列第一,榮登「電影皇后」的寶座,列第二、三名的分別是陳玉梅和阮玲玉。在歐洲,胡蝶更被美譽為是「中國的葛利泰‧嘉寶」。

胡蝶奪魁,當時曾有人分析說,那是因為胡蝶的影迷大都是悠閒的已婚少婦,阮玲玉的影迷則是並不熱衷於這種活動的青年學生或知識分子,因此她沒有能夠得到「電影皇后」的榮譽。但不管怎麼樣,有一點是應該肯定的,在三十年代,上海電影業最成熟、最

胡蝶

興旺的年代，阮玲玉的號
召的一點也不亞於胡蝶。

　　從胡蝶和阮玲玉，我
們大致可以看到三十年代公眾的審美觀，在中國，其實一直就有著
比較一致的傳統美女標準，她們代表的就是兩種決然不同的美女形
象。胡蝶的形象，符合中國民間歷來傳統的美女標準，除了臉若銀
盤、明眸皓齒、膚如凝脂之外，她的招牌是雙頰上的一對酒窩。而
那個年代，凡有酒窩的女子都有被冠以美女的幸運，也許就是因為
胡蝶的緣故吧。較之另一個出名的美人阮玲玉，胡蝶更有一種傳統
委婉的氣度。骨肉均勻，溫柔敦厚，是人們幾千年來所謂「全福全
壽」的長相。

　　阮玲玉可以說是上個世紀上海灘第一位「骨感美人」。她瘦削
修長的身材，步履如楊柳拂風般裊娜，舉手投足間楚楚動人，細長
斜飛入鬢的雙目，別具一種「煙視媚行」的風姿。

　　阮玲玉在她同時代的電影女明星中，其銀幕形象是以輕盈敏捷、婀娜多姿著稱的。阮玲玉的藝術生活，整個都是處在默片時期，默片中的演員只能借助字幕來表達人物的語言，所以默片時代演員的語言應用，不可能像現在這麼豐富，這就更多地要求演員在表演角色時不僅需要豐富的面部表情，而且需要身體靈活，氣質優雅，以加強整個場面的情感和藝術效果。

　　縱觀阮玲玉所拍攝的影片，她是很能領略其中的精髓的。在生活中，她一方面愛跳舞，而請人專門教授形體健美訓練，阮玲玉恐怕是女明星中的第一人了，另一方面為了保持體形，她在飲食等方面也非常注意。

　　比如1934年，阮玲玉在影片《香雪海》中扮演一個尼姑，她在拍戲時是吃齋的，拍完戲後，她用飯時依舊吃素。後來，索性連平日裡她都幾乎是素食了，只有偶爾廚師特意為她燒製廣東家鄉的

周璇

臘味飯、雞球粥、珍肝麵，她才會品嘗一點。

「聯華」管理服裝的工作人員都知道，阮玲玉的腰很細，當時
上海市面上出售的束腰圍帶，都沒有像她那麼細小的。

和阮玲玉同時代的電影演員談瑛曾在接受記者採訪時提起阮玲
玉，說阮玲玉是她最喜愛的女演員，而且真人比照片和銀幕上更
美，阮的腰身既細，腿又修長，讓人羨慕死了。

阮玲玉訓練、愛護自己形體，一方面是為了適應默片時期演員
必須要以造型、動作為主要塑造人物手段的需要，更重要的是為了
在扮演各種角色時，具備更大的適應能力。

她不像當時一些由於經濟逐漸富裕、生活舒適導致體態過於豐
碩的女演員，只能飾演富家女性，而不能扮演貧家女子；只能飾演
城市女性，不適宜扮演農村婦女。

周璇

　　當時在一般市民階層觀眾中，曾有一個將阮玲玉和胡蝶進行比較而得出的普遍看法，這個比較雖然不太科學，甚至還有些膚淺，但我們不妨姑且一看：

　　「阮玲玉、胡蝶在電影女明星中並以美艷著稱，論儀容，則胡蝶無阮玲玉之俏麗，阮玲玉不如胡蝶莊嚴；論藝術，則阮玲玉之表演活潑生動，作風浪漫，易受人愛，亦易為人輕視；胡之演技，滯鈍呆板，但態度大方，有人喜亦有人不喜。」

　　但十分有意思的是，胡蝶曾經參加過好幾次上海本地舉行的「時裝發布會」，展示的基本上都是西式服裝，從連衣裙到晚禮服，非常準確地演繹了三十年代上海中西合璧的精髓，作為「傳統型」典範的胡蝶，留存下來的照片，絕大多數也都是西式打扮。

　　而頗有「現代」風格的阮玲玉卻恰恰相反，總是一襲旗袍加

身，鑲花邊的、高開衩的、格子型的、碎花型的，還有純色的陰丹士林布，作月份牌模特時，穿的也多是旗袍，阮玲玉幾乎當得上是三十年代旗袍的形象代言人。而三十年代，也正是旗袍這一款式的服裝登峰造極的年代。也許是一種巧合，1935年阮玲玉自殺，僅僅兩年之後，抗戰爆發，旗袍的演變歷史就徹底結束了。

開麥拉是英語照相機（Camera）的中文譯音，飛司是英語臉（Face）的中文譯音。開麥拉飛司專指一些特別上鏡頭的臉，四十年代最紅的明星周璇就曾有過這樣的美譽。周璇的皮膚偏黑，但她的眼神明媚靈活，善睞如秋波，眉眼間媚態十足，並有著幾分洋氣，臉部輪廓的線條感很強。如果單以臉部線條感來做為評判美女的標準，這無疑說明了昔日上海的觀眾不僅熟悉而且是下意識地開始採用評判西方美女的標準，雖然，周璇長著一張完全中國化的面孔。

當上海在都市化的進程中越來越成熟，明星們面對「開麥拉」時也不再僅僅只以一張美麗動人的面孔相對，她們從阮玲玉「人言

阮玲玉在《一剪梅》中的劇照

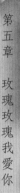

可畏」這四個字裡、從胡蝶那「十之五六若寶釵，十之二三若襲人」中，漸漸鍛煉出一種自如應對媒體的「技術」。

有記者採訪周璇。

問：你理想中的丈夫應該是怎樣的？

答：第一，能夠自立；第二，人格高尚，第三，性情溫柔。

當時，周璇已與嚴華離異，關於再婚選婿的事情，周璇曾多次對人提到過上述這三點。後來，因為向她提出這類問題的小報和影劇雜誌太多了，周璇乾脆採用公開信的形式發表了自己的看法，以傳媒來應對傳媒也不失為一個一勞永逸的好辦法。

她說：「我覺得這個問題各人有不同的見解，在我的想像中性格溫和，個性相合，年齡相仿，能負起丈夫的責任，這數點乃我選

周璇《馬路天使》劇照

擇對象的先決目標。當然一個女子總希望獲得一個快樂的家庭，至
少精神上的享受倍勝於物質上的。為自身前途著想，故對自己的婚
姻問題還在選擇與考慮中。」

問：如果你是男演員，你理想中合影的「女星」是誰？

答：陳燕燕。

當時的陳燕燕以扮演悲劇型的賢妻良母一類角色著稱，演技比
較樸實細膩，周璇喜歡與她合作，也可說明她的愛好或嚮往所在。

問：你最感到煩難的表演是什麼？

答：哭裡帶笑，笑裡帶哭。

周璇經常對朋友們說：「遇到傷心的事，我就要痛哭一場；遇

到高興的事，我就要大笑一通。又器又笑的樣兒我可做不來。」

問：給你印象最深、幫助最大的導演是誰？

答：導演過我戲的各位導演先生。

以周璇的性格來看，她並非一個圓滑的人，而這樣的回答明顯是一種不肯得罪人的說法。其實，她心裡還是有自己的標準的，比如常常對人提起遠牧之先生對她的啟迪和幫助。作為《馬路天使》的女主角，她對袁牧之先生懷有格外的尊敬。

問：你以為在現時代，為觀眾拍什麼樣的影片好？

答：有教育意義的影片。

當時，同一問題白光回答的是「歌舞片」，周曼華回答的是「

喜劇片」，陳燕燕回答的是「悲劇片」，而周璇是這樣一種回答。就周璇本人來說，這回答可能也是無意中流露出的一點無奈，在金錢的束縛和權勢的支配下，要堅持理想是何等的艱難，她也只能放棄自己的想法，隨波逐流罷了。

有人說：「玫瑰因為是一朵玫瑰，一朵嬌艷芬芳的玫瑰，所以我愛她。」

另一個人回答：「只是，這一朵玫瑰，像所有的玫瑰，僅僅只開了一個下午。」

先前那人便道：「縱然開得時間再短，也不管她究竟是一朵傳統富貴的玫瑰，還是風流婀娜的玫瑰抑或只有開麥拉面孔的玫瑰，只要是玫瑰，我便愛你！」

第六章　鳳凰于飛

「我從盥洗間裡出來，巧碰著妻拿了兩瓶羊奶很餐室裡走。

『早！』妻含笑地向我招呼，放下了奶瓶兒，兩手隨即在圍裙上擦了擦；然後走近我，替我把領帶結上。我也替她把圍裙解掉，在她頰上輕吻了一下。拿了瓶羊奶，走向餐室裡去，我坐在妻的對面看報，接過妻為我塗好了牛油果醬的麵包。一面吃著，一面向她報告著當日的新聞，隨後她便打電話給菜鋪，要些晚餐用的食料。

妻整理餐具的時候，我便趕緊下樓去，從汽車間裡把車子開到馬路上。這時她挾了兩只公事包，拿了我的帽兒，把門鎖上之後，便跨進車廂，緊挨在我的身邊坐下，替我把帽兒戴上。

她的公事房比我遠，我總是先將她送到了，再折回來。下午，我比她下公事房早一刻鐘，所以每日我都是先把車子駛去候她。

回到家，妻趕緊換上家常服飾，結上圍裙，到廚房裡去先開了

白領女性

電氣，把灶熱了。我便到樓下，我們這座大樓的暗室裡去拿菜鋪裡
送來的一包食料。在電梯裡，我有時發現一大塊生牛肉，便會比閒
常更要高興：妻做的牛排實在是別有風味……

　　夏天的晚飯後，妻在涼台上喊我去乘風涼。我便挽一噴壺水上
去，澆了花，在妻的下首一張帆布搖椅上坐了，聽她彈月琴。那麼
和柔，那麼清幽！誰都會沉醉了的。」

從《良友》第96期一篇文章的描述，我們可以形象地看到一個三十年代經濟富裕的白領家庭的生活狀況：年輕的小夫妻，兩人早晨一同去上班，下午再一同回家，日子是多麼的輕鬆愉快。

三四十年代的上海灘，隨著城市不斷的商業化，大上海向越來越多的女性提供了就業機會，然而像上面提到的家庭也只占少數，多數女性進入社會沒有那麼優雅、從容，她們從事招待、店員、看護、美容師、接線生，或者進公司打字做職員等等，也有為私人服務做家庭教師的，這些步入社會的女性憑著自己的青春和一技之長在十里洋場「討生活」。

綠寶

　　各大百貨公司三尺櫃台後的女店員雖說也受過一定的教育，但大都出身平凡，家庭需要她們按時拿回這份工資來貼補家用，因此她們不得不珍惜自己的工作，有時候甚至是小心翼翼的，更怕一到年關會收到老板的辭退信。她們中的大部分人不會做嫁入豪門的美夢，也不會幻想著釣個金龜婿。女店員們多半最終會嫁給普通的小職員，當時四大公司都有明文規定，女店員不得結婚，懷孕就會被炒魷魚，因此即使結婚她們也大都是秘而不宣，懷孕後更是想方設法盡量勒緊肚子，到無法掩飾時才會告之公司，她們職業女性的生

涯也就隨之結束了。

即使盛名如永安公司的明星康克令小姐，一旦偕下鴛盟，也只能卸下了她的桂冠。

卻說和康克令小姐同一個時期，在上海四馬路（現福州路）的新時代文具用品社裡，也有一位美麗動人、能言善道的小姐在售賣金筆，她叫湯蒂因。安排一位年輕漂亮的小姐售賣男性專用的金筆這一簡單易行的商業行為，竟使得文具社的金筆櫃台一時間顧客盈門。新時代文具社的規模雖然遠不能和永安公司相比，但這位出色的湯小姐周圍還是出現了為數不少的愛慕者，其中還包括了新時代文具社老板自己。雖然早有妻室，這位老板還是特意選了一天把自己的意思鄭重地告知了湯小姐，結果，被生性果斷、自尊心極強的湯小姐一口回絕。

毅然離開了文具社的湯蒂因，先後嘗試過一些別的工作，經過

數年的磨煉，頑強、不肯輕易服輸的性格使她孤身闖蕩上海灘倒也
游刃有餘，只是對於金筆的愛好，一直縈繞在心頭不能忘懷，面對
外國金筆在上海市場暢銷不衰的局面，湯蒂因籌措資金，憑著以前
的人脈關係，成立了一家製筆廠，並給出產的第一支金筆取名為「
綠寶」。

　　「綠寶」，一個民族金筆品牌在四十年代的上海誕生了。

　　為了盡快站穩腳跟，打開綠寶金筆的市場銷路，湯小姐四處奔
走，廣為宣傳，著實花了一番心血。漸漸地，綠寶被人們所熟悉
了，上海灘也知道了綠寶的老板，原來就是當年幾乎和唐克令小姐
齊名的湯小姐。然後，綠寶金筆進入永安公司設立了銷售專櫃，櫃
台就在康克令金筆的旁邊，而湯蒂因也因此成為了解放前夕上海灘
上有名的製筆業女王。有一段時間，在上海，綠寶金筆甚至取代了
康克令金筆成為了一代名牌。

　　新中國成立以後，湯蒂因成為第一屆全國人大代表，同時被上
海市長陳毅任命為製筆工業公司經理。

董竹君

滬上女老板

舊時的上海灘，女性從業人數雖然還很少，但還是出現了為數不少的優秀女老板，除了湯蒂因之外還有董竹君、吳湄等人。

董竹君先後開辦了錦江川菜館和錦江茶室，並且創辦了上海婦女雜誌，一直支持進步事業。

吳湄則演過多部電影，她在1938年創辦的梅龍鎮酒家馳名中外。

她們的出現，展示了活躍在大上海商戰中的女老板們既精明強悍又獨具魅力的迷人風采。

酒家飯店的掌櫃，向來是男人的職業，然而在抗戰時期的上海「孤島」卻又盛行起女掌櫃來。時局所致，「孤島」的市面呈現一

錦江飯店

種畸形的繁榮，酒家飯店如雨後春筍般冒出來，女性自任掌櫃，最早的一家便是錦江飯店。

錦江飯店開在大世界畔的華格泉路（今寧海西路），掌櫃的便是名聞遐邇的董竹。董竹君是位極富傳奇色彩的人物，她的身世和畫家潘玉良還有張伯駒的夫人潘素頗為相似，才華出眾又擅長交際，和上海新聞界也很熟，在錦江飯店沒有開張之前，已做了大量的宣傳工作，而首創使用一次性竹筷更是一件讓當時的上海人感覺新奇的事情。

錦江飯店初設時格局只有兩開間門面，樓上間隔出若干僅容一個桌面的小包間，後來生意越做越興隆，原來的營業面積就顯得過於狹窄了。飯店遂向西發展，在法國花園的北側華龍路（今雁蕩路）開設了分店，分店以設置隔離的鴛鴦座作為號召，果然引得滬上青年男女趨之若鶩，生意鼎盛，揚名一時。

　　和錦江飯店並美的是梅龍鎮酒家，它的女掌櫃叫吳湄，是《時報》名記者陳萬里的夫人，梅龍鎮酒家最初開在南京西路靜安別墅，由威海路進出。

　　「梅龍鎮」的名字取義於《遊龍戲鳳》，但傳聞其中還另有一個由來。說飯館初創之時，老板共有三人，一是吳湄女士，還有李伯龍、鄭君兩位。從三人姓名中各取一字，吳湄之「湄」諧音為「梅」，次取李伯龍之龍，再以鄭君之姓諧音為「鎮」，因成「梅龍鎮」三字。

　　吳湄交遊甚廣，南昌路的住所也常常高朋滿座，猶似法國的文藝沙龍。而梅龍鎮酒家的規模由小變大，據說是經過連續兩次失火而越燒越旺，最後在南京西路上站穩了腳跟。

　　除了錦江和梅龍鎮，當時上海灘還有兩家也是由女掌櫃執掌的飯店，名聲雖不如上面兩家，卻也極有特色。

一家是潔而精，最先設在舊法租界貝勒路或薩坡賽路的一條里弄內。潔而精賣貴州菜，在上海是獨一無二的。最著名的是一味酸辣湯，用豆腐加雞鴨血一起煮燒，價廉物美，僅賣二三毛錢。

另一家叫作九如，地處最鬧猛的南京路六合路角上，雖賣的是湖南菜，因在上海，人鄉隨俗，口味不是很辣。女掌櫃交遊的多是文藝界中人，所以當時多種小報都刊載九如生意鼎盛的情況，非常熱鬧。

早在這些女掌櫃之前，自行創業成功的女性就不乏其人。1929年，由影星王漢倫獨自組建的「漢倫影片公司」，曾拍攝影片《女伶復仇記》，後王漢倫攜片在全國各地作巡迴放映，收益頗豐。返滬後，她退出電影業，又開設了一家「漢倫美容院」，旨在把女同胞都化妝為純真天然的美女，成為從心靈到容顏都具有高尚、自信、受人尊敬的女性。

徐志摩與張幼儀

　　著名詩人徐志摩的第一任妻子張幼儀也是一位事業成功的女性，她曾成功主政上海女子儲蓄銀行。更為難能可貴的是，張幼儀回國後仍照樣服侍徐志摩的雙親，精心撫育她和徐志摩的兒子，晚年又全力支撐，在台灣出版了《徐志摩全集》。

　　像董竹君、吳湄、張幼儀，縱然創業艱辛，但她們應該都算是幸運的，因為至少她們還可以創業，大部分上海女性都只能當雇員。就像在理髮店裡，「接待男賓的都是穿淺藍色可體號衣，身材窈窕的女理髮師，她們淡掃蛾眉，胸前掛著一塊圓形的寫著她們工號的金屬銅牌，穿著平底白皮鞋」。雖然社會賦予了女性走出家門的權利，但踏足社會的女性也不好受，從吳秀清的《紅花瓶》一文可見一斑：「『紅花瓶』是最近社會上流行的侮辱女職員的怪名。他的意思是說，女子職員是供在櫃台裡或是寫字間裡，等於供賞鑒底花瓶。好似我們女子辦事，都沒有能力的，只靠裝飾來點綴場面罷了。「可見在當時的上海社會，出來工作的女性是多麼不容易，

微薄的收入養家糊口、補貼家用尚不夠，還要顧全到儀表的整潔美觀。

董竹君在回憶往榮德生的辦公地點推銷時曾說過：「只重衣衫不重人的上海社會，即使窮得當賣東西也得弄出一套像樣的衣履穿著，否則就被人瞧不起，更莫想有所活動。我為了像個經理樣子，穿了白衫，藏青裙子，墨羅緞絨大衣，黑皮鞋，頸項上套一張黑絲帶鋼筆。我拿了辦公皮包和紗管樣品，到了榮德生辦公地點，門房盤問了一陣，才放我進去。」

在當時的上海，女性雇員除了被認為是「紅花瓶」外，也難有晉升機會。當時的傳煤也有指導就業的文章，比如《為姊妹們謀出路》一文，指出女性不應只居在低微的職位直到出嫁或老死，要留意社會上還有打字和縮寫這類職業，職位雖然低微，但萬事都要從小做起，況且公司內一切事務都要經過這類職員處理，可以從中汲取知識，如果辦事勤奮，就能得到上司青睞，升職可料。故文章奉

勸女性快學打字和縮寫。是否當真有效，就又另當別論了。

上海青年婦女俱樂部

　　從1935年秋天起，住在上海呂班路（今重慶南路）上靠環龍路（今南昌路）拐角的人們，如果稍加留意，就會注意到有一些固定的年輕女子，頻繁出入於附近的一定洗染店，她譬的腳步匆忙，神情既嚴肅緊張，又似乎隱含著一種因興奮而透出的快樂。她們總是快步走進洗染店，然後順著樓梯上去，上面是一個臨街的廳堂，廳堂布置簡單，除了桌椅之外，再沒有其他的設施。然而就是在這樣一個簡陋的、毫不起眼的地方，上海青年婦女俱樂部正有聲有色地活動著。

英國總會，又名上海總會

陳波兒

　　那些年輕女子中有一個個頭高挑、穿著時髦的姑娘，她就是畫家郁風。

　　喜歡看電影和話劇的人，會在她們中發現因為剛剛出演電影《桃李劫》而正走紅的陳波兒；愛好文學的人，如果提起白薇，一定不會感到陌生，她的小說《打出幽靈塔》、《受難的女性們》等作

陳波兒與《桃李劫》

品的成功，使白薇在文壇享有盛名，還有吳似鴻、歐查等。

　　時代的風雲中，這些在五四運動薰陶和孕育下成長的新一代女性，走到了一起，從事抗日救國的活動，她們以各自的面貌和姿態，出現在大上海各階層的社會舞台上。她們關注社會，熱心抗日救亡。革命以一種特別的魅力，讓她們陶醉，讓她們走上街頭，走進工廠。也許她們還說不上思想深刻，甚至說不上成熟或者老練，但是，她們充沛的激情和引以自豪的社會責任心，注定她們會成為和傳統女性完全不同的一代新人。她們是在動盪的時局推動之下行進的知識女性，而她們每個人的一生，都可以毫不愧言地稱為傳奇。

浮世繁華

　　蘇青在《談職業婦女的快樂與失落》裡，形象而又生動地給我們描繪出一幅舊上海職業女性的眾生相。寫字間裡的女性、看護小姐、家庭教師、女作家，她們的無奈、喜怒，周遭的環境、時勢帶來的生活壓力，一切都栩栩如生地再現在我們眼前。

　　而蘇青自己就是一個四十年代職業女性的代表。失婚的婦人自圍城裡出來自己闖天下，一家大小五口人連娘姨在內都要她設法來養活，如果真要逃難起來，是只有她保護人，沒有人保護她的。所以突然膽小起來的時候，她會忽然對著張愛玲說：「如果炸彈把我的眼睛炸壞了，以後寫稿子還得嘴裡念出來叫別人記，那多要命呢──」

　　「我自己看看，房間裡每一樣東西，連一粒釘，也是我自己買的」，那樣的環境下這種擔心絲毫不顯得做作、突兀，反而真實地

蘇青

流露出現實生活的悲涼。蘇青不可避免的日益世俗與物質化，也因此她的語錄會是：「在一切都不可靠的現社會裡，還是金錢和孩子著實一些。」

于是乎，「她家門口的兩棵高高的柳樹，初春抽出了淡金的絲，誰都說：『你們那兒的楊柳真好看！』她走出走進，從來就沒看見。可是她的俗，常常有一種無意的雋逸。譬如今年過年之後，她一時錢不湊手，心急慌忙在大雪中坐了輛黃包車，載了一車的書，各處兜售。書又掉下來了，《結婚十年》龍鳳帖式的封面紛紛滾在雪地裡，那是一幅上品的圖畫。」（張愛玲《我看蘇青》）

張愛玲是旁觀者清：「蘇青就象徵了物質生活。」

這物質既滿含著困苦，卻也因著她明朗、磊落、潑辣的性格而不乏愉悅，粗看蘇青的文字，似乎日常生活的細枝末節，她都事無巨細一一記錄了下來。育兒、燙髮、吵架、打牌、做媳婦、坐寫字

張愛玲

間等等，林林總總不免
瑣碎，細看卻又覺得一
股透著煙火氣的溫暖撲
面而來，人生不就是由這些瑣碎搭建成的嗎？上海女子的精明與世
故、伶俐精乖地打著小算盤的同時，還懂得抱著紅泥小火爐間或
眠一覺小夢一場，溫情便在這麻雀雖小卻五臟俱全的小窩裡四溢開
來，即便四周虛空，心裡落下的還是一個結實飽滿的真實。

　　張愛玲和蘇青是同時代的人，在二十世紀四十年代上海淪陷時
期出現的女作家裡面，兩人是齊名的，只要稍作比較就可以覺出她
們的不同。

　　同樣是幽默的表達，張愛玲是內裡刻到了骨頭上，字面還是含
蓄的，她寫電影《桃李爭春》裡白光扮演的妓女：「白光為對白所
限，似乎是一個稀有的樸訥的蕩婦，只會執著酒杯：『你喝呀！你
喝呀！』」沒有第二句話，單靠一雙美麗的眼睛來彌補這缺憾，就

《結婚十年》與《續結婚十年》書影

連這位『眼科專家』也有點吃力的樣子。」她的「俗」是織進了「雅」裡面去的。

蘇青的「俗」卻坦白：「性的誘惑力也要遮遮掩掩才得濃厚。美人睡在紅綃帳裡，只露玉臂半條，青絲一絡是動人，若叫太太裸體站在五百支光的電燈下看半個鐘頭，一夜春夢便做不成了。」

一樣叫人莞爾，不同的做派和表達使得蘇青筆下的生活娛樂、日常事務，便能直接給家庭主婦們作為參考的藍本。她是實實在在的，看得見似的，說著些過日子的實惠，或許這就是當時獨立女性的處境，一種以攻為守的姿態，內心裡其實或多或少還是希望有男人保護的吧。蘇青也是大膽的，言語和文字處處透著開放的思潮，讓人在不經意時觸碰到便忍不住大大地詫異那年代的上海女性所思所想比起現在可一點都不老舊落伍，我們如今談論種種女性之煩惱早在幾十年前就有人分析得通且透了。

張愛玲

張愛玲

　　換到張愛玲，便覺得是觸不到、數不清的浮世繁華，隔得老遠的一篇篇微型服裝史和電影史，就連聲音聽到頭來，也是會落空的。就像她散文集子的名字「流言」──Written on water寫在水上的文字。

　　雖然張愛玲也主張：「女人做職業婦女，為了照顧孩子和家庭，可以選擇時間短、工作輕的職業，但只有職業婦女才能使女人走上獨立的道路，在離開男人的時候可以理直氣壯。現代的婚姻制

張愛玲

度是不健全的，男人是容易變心的，如果你想有尊嚴地生活，就應
該成為一個職業婦女。那樣的話，如果你想離開他，就不會走投無
路，束手無策。在現代社會，做一個自食其力的，獨立的，自己掌
握自己命運的女人完全是可能的，就看你願不願意，雖然苦了點，
但卻自主。」

　　然而除了她的文字，更多被世人談論的還是這位隔世伊人在叛
逆著裝中別具一格的優雅姿態，憂鬱中略帶叛逆、冷漠中隱含柔情
的氣質。

　　對於著裝張愛玲是任性的，卻又令人不得不佩服她獨特的創造
和想像力。信手將大紅大綠的床單裁開，穿針引線簡單地縫製成旗
袍，高高的開衩處稍作綴連，便穿上身出門上街去了，完全不曾想
到那個時代的女子是應該要「含蓄內斂」的；或者異想天開地用沙

227

發罩布做披肩就去參加宴會，讓所有的人都詫異、驚艷，最後忍不住贊嘆。

　　張愛玲之著裝，唯美時著墨濃重，直如雷霆萬鈞，甚至比現在的時尚女性還要「另類」，玲瓏時清澈見底、秀雅可人，既有「名門之后」的華麗雍容，又不乏「自食其力小市民」的媚俗，也只有他敢於在二十世紀四十年代把服飾表現得如此大膽和性感，美麗得淋漓盡致，美麗得多姿多彩。

公寓

　　下班時分，在辦公室裡多逗留了個把小時，出來已經是華燈初上了，地鐵轉公車，一個人的家在單身公寓的十五樓。

　　懶得做晚飯，撥電話給大廈二十四小時的便利店叫個外賣算數。

白領公寓

　　不要不相信，這樣的生活方式早在四十年代就已經存在了，只不過那時的樓沒有現在這般高，熱水龍頭是有的，只是時不時地鬧情緒，難得滴下兩滴生銹的黃漿，開電梯的、送報紙的還有清潔公司每隔兩星期來大掃除一下⋯⋯

　　三四十年代，上海興建了大批的公寓，它們大都座落在市區的熱鬧地帶，交通方便。公寓樓下，黃包車即使隔著一大汪積水亦可招手即來，公交車只需拐過一兩個街角就可搭乘，不遠處，就是林立著數百家商店的霞飛路商業街。

　　越來越多的職業女性出來和男人一樣「討生活」，上海又歷來是一座移民城市，於是，這些單身在滬的女子，或是想要自立門戶的女子，因為有著良好的職業和穩定的收入做後盾，便紛紛進駐，做了公寓的住客。房子在很多時候不只是一個棲身之所那麼簡單，它是點點滴滴存放回憶的容器。公寓生活的出現，改變了許多人的

生活方式和生活觀念，上海女子由此真正演變成為一種成熟的社會
角色，她們既獨立承擔了自己，又真正擁有了優雅和從容來經營自
己的心情和生活。

　　1936年2月24日的《社會日報》上有一則對「大眾女子公寓」
的專訪，把「女子公寓」稱之為「上海的新事業」。

張愛玲愛丁頓公寓

張愛玲

張愛玲在上海的公寓舊居，座落在靜安寺附近一個熱鬧的十字街頭赫德路口（今常德路），這是一幢被粉刷成粉色的大樓，牆面上鑲嵌著咖啡色的線條，歲月讓當初鮮嫩的粉色落滿了灰塵，陳舊得發暗發黑了，就像一塊被人扔在角落裡遺忘多時、過期的灰撲撲的粉餅。

這幢七層的西式公寓大樓坐東朝西，陽台從兩邊對稱地伸展出來，樓前有一排梧桐，到了春天就發出鮮嫩的綠芽，陽光穿過它們的隙縫射下來，細細碎碎落了一地。

當時，這座公寓叫作愛丁堡公寓（Edinburgh House）。

1939年，張愛玲和母親、姑姑曾經在51室住過，1942年從香港回上海後，她又和姑姑一起搬進了65室（現在為60室），一直到1948年。這裡就是她的「最合理想的逃世的地方」。

　　人生是磊落而又率性的，血液裡蘊含的天馬行空一早在張愛玲母親身上已經一覽無遺，且代代相傳：

　　「民初婦女大都是半大腳，裹過又放了的。我母親比我姑姑大不了幾歲，家中同樣守舊，我姑姑就已經是天足了，她卻是從小纏足。踏著這雙三寸金蓮橫跨兩個時代，她在瑞士阿爾卑斯山滑雪至少比我姑姑滑得好。（我姑姑說。）

　　她是學校迷。我看茅盾的小說《虹》中三個成年的女性入學讀書就想起她，不過在她純是夢想與羨慕別人。後來在歐洲進美術學校，太自由散滑不算。1948年她在馬來西亞僑橋教過半年書，都很過癮。

　　她畫油畫，跟徐悲鴻、蔣碧微、常書鴻都熟識。

『珍珠港事變』後她從新加坡逃難到印度，曾經做過尼赫魯的秘書。1951年在英國又一度下廠做女工製皮包。連我姑姑在大陸收到信都有點不知道說什麼好，只向我悄悄笑道：『這要是在國內，還說是愛國，破除階段意識……』

　　她信上說想學會裁製皮革，自己做手段銷售。早在1936年她繞道埃及及與東南亞回國，就在馬來西亞買了一洋鐵箱碧綠的蛇皮，預備做皮包、皮鞋。上海成了孤島後她去新加坡，丟下沒帶走。我姑姑和我經常拿到屋頂洋台上去曝晒防霉爛，視為苦事，雖然那一張張狹長的蕉葉似的柔軟的薄蛇皮實在可愛……「
——張愛玲《對照記》

　　姑姑也是個職業女性，非常幽默，有一段時間她在無線電台報告新聞，誦讀社論，每天工作半小時，她就對張愛玲說：「我每天說半個鐘頭沒意思的話，可以拿好幾萬的薪水；我一天到晚說著有意思的話，卻拿不到一個錢。」

洋行白領

　　和姑姑一起住，打碎了姑姑桌面的玻離，照樣也是要賠的，在錢財方面那時候的女性好似就實行ＡＡ制，各人的支出是很分明的，不僅和姑姑，張愛玲和炎櫻還有後來的蘇青，不管再近的親戚、再好的朋友也是如此。

　　愛丁堡公寓的大門通常是虛掩的，輕輕推開，門廳裡坐著電梯管理員，仿佛還隨時等著你拿個牛奶瓶出去叫他代買豆漿似的，鮮亮得能照出人影來的水門汀和木地板，過去一年四季都保持溫度的熱水汀在戰時也只能權作裝飾品而已，經久耐用的奧斯汀拉門電梯，寬敞的衛生間、廚房……

　　電梯將你送上六樓，這裡就是當年胡蘭成求見張愛玲的地方。張愛玲在公寓裡閉門謝客的時候，胡蘭成縱有通天的本領也沒能見到她，只得從門縫下塞進了一張紙條。

他們在這裡相戀相愛，在陽台上迎著胭脂色的晨光輕曼地跳舞。她愛得如火如荼，如夢如醉，甚至顧不上胡蘭成正在為日本人做事。她愛得傷心也傷情，直至胡蘭成徹底離開她的感情世界時仍不能自拔。

　　除了情，張愛玲生活的惟一目標恐怕就是通過寫作來展現她的才華了，可以肯定沒有什麼事情能夠改變這一點，不管在什麼時候，什麼地方，這是她一生的生活方式。

　　張愛玲可說是惟一將昔日的聲色上海詮釋得最完整的作家，現今多少人心目中的上海就是張愛玲筆下的上海。

第七章　盛世哀歌

但願好景能長久

眼波轉，半帶羞

花樣的妖艷柳樣的柔

眼波轉，半帶羞

花樣的妖艷柳樣的柔

無限的創痛在心頭

輕輕地一笑忘我憂

紅的燈，綠的酒

紙醉金迷多優遊

眼波轉，半帶羞

花會憔悴人會瘦

舊事和新愁一筆勾

點點的淚痕滿眼流

是煙雲，是水酒

水雲飄盪不遲留

——《戀之火》（曲：陳歌辛　詞：陶秦）

大東跳舞場

二十世紀三十年代，隨著現代經濟的繁榮，燈紅酒綠的舞場進入全盛時期。曖昧、面目不清、沾染著脂粉香氣的夜生活，不醉不歸的溫柔鄉，讓人想入非非，充滿無盡的挑逗和誘惑，無數珠寶在黑暗中閃閃發亮，無數個樂隊奏出令人癲狂的音樂，步伐搖曳，快樂是一種放肆的恣態，是杜松子酒，是永不停歇的爵士樂……

到了夏季，沒有空調，就在公園等露天場所的花園舞場裡跳，黑貓舞場首先在兆豐公園（今中山公園）對面開設了花園舞場，緊接著又有聖愛娜舞場，舞場內有白俄舞女伴舞，同時還附設有高爾夫球場，生意興隆。

之後，市區繁華地段先後造起了一些豪華寬敞、設備先進的高級舞場，百樂門、仙樂、大都會、麗都成為當時上海的四大舞場。

租界內的中小型舞場也是數量繁多，舞票相對也便宜，每元五跳至八跳不等，吸引了大量中等階級的舞客，呈現一片畸形的繁榮。當時的西藏路有「舞場路」之稱，兩旁舞場招牌林立，大小報刊上充斥著各式各樣舞場的廣告，有些還登著當紅舞女的玉照。

1929年，開在戈登路（今江寧路）兼營舞廳的「大華飯店」的歇業，使得被譽為「貴族區」的上海西區沒有了和「貴族區」的稱號相當的娛樂場所。到1932年，中國商人顧聯承投資七十萬兩白銀，購靜安寺地營建「Paramount Hall」，並以諧音取名為「百樂門」。「Paramount」的原意是「至高、最大」，用這個英文招牌，據說原意是為了要突出它的高檔次，同時迎合當時上海人追求吉祥如意大富大貴的心理。

「Paramount」還和美國好萊塢四大電影公司之一的名稱相同，便給這高檔次的娛樂場所憑空又添出了幾分摩登的意味。只是同一

百樂門舞池

個英文單詞，上海人卻把諧音分得很清楚，在看美國電影時，還是習慣把該電影公司叫作「派拉蒙」，決不會洋盤地叫成「百樂門」的。

「百樂門」由當時最負盛名的設計師楊錫繆設計，建築樣式是三十年代國際流行的art deco（阿黛可），時髦新潮，頂部中央聳立著呈圓柱形高達九米的玻璃銀光塔，裝上霓虹燈，夜間光芒可以射出一里多遠。」

月明星稀，燈光如練；

何處寄足，高樓廣寒；

非敢作遨遊之夢，

吾愛此天上人間。

兩個舞女

　　這是「百樂門大飯店舞廳」剛剛建成時，上海灘一位不知名的詩人為百樂門留下的傳誦一時的詩句，字裡行間流露出上海人對這座「遠東第一樂府」的仰慕。

　　盡管在百樂門之前上海已有多家高檔交誼舞廳，只有到百樂門出現，才將上海的舞廳業推向了頂峰。

　　百樂門舞廳主體共三層，裝有冷暖空調，內部陳設豪華，底樓是廚房和店面，二樓是舞池和宴會廳，最大的舞池超過五百平方米，當時有「千人舞池」之稱。舞池的地板中央用汽車鋼板整體支撐，在上面跳舞時，地板會出現傾斜、晃動的感覺，叫作「彈簧地

板」，這也是上海惟一裝有「彈簧地板」的專業舞廳。舞池的周圍鋪著玻璃地板，全部用約十厘米厚的磨玻璃砌成，下面裝著彩色小燈泡，晶瑩奪目，舞動之際令人有目眩神迷的感覺。大舞池旁邊還有可以隨意分割的小舞池，既可供人習舞，也可供人幽會。習舞池配備有專職的教練員，免費教舞。三樓有回馬廊、旅館，還有著名的金光小舞池，如果兩層舞廳全部啟用，可同時供千人跳舞，頂上的玻璃銀光塔裝有許多燈泡，串成一個個數字，每輛等候的車子對應一個數字，當舞客準備離場，服務生會在銀光塔上打出客人的汽車牌號或其他代號，車夫可以從遠處看到自己的車號在燈塔上亮起，就知道主人要離開了，提早將汽車開到舞廳門口來等候。

當時有人形容百樂門是：「上也舞廳，下也舞廳。彈簧地板效飛騰，玻璃地板鑲倩影。何幸！何幸！春宵一刻重千金。」

到百樂門跳舞一時成為上海灘上流社會的時尚，而百樂門也成為豪門名流們主要的娛樂場所。許多名人在這裡留下過足跡，如張

學良將軍就時常光顧，陳香梅女士和美國飛虎將軍陳納德的訂婚儀式也是在這裡舉行的，浪漫文人徐志摩更是百樂門的常客，就連美國著名影人卓別林夫婦訪問上海時也慕名到此跳舞。

當時的上海，舞廳絕對比另一個公共空間──咖啡館要受歡迎，從報紙、流行雜誌還有卡通畫上都能看出來。畫家葉淺予、張樂平的筆下，都曾出現過為數不少的舞廳和舞女題材，最常用的形象是正在跳舞的一對男女，男的相貌、年齡不定，穿中式長袍或西裝，女的無一例外地穿著旗袍，姿態各異的一對對舞者展現著舞女和她們形形色色的顧客。

在百樂門大飯店舞廳出現之前，舞女沒有固定的陪舞舞廳，她們可以視情形隨意到各舞廳伴舞。自百樂門始，規定舞女凡持有百樂門舞廳簽發的陪舞證者方能進入陪舞，因為篩選嚴格，百樂門因此出現了不少的紅舞女，陣容之強一時冠絕滬上，且眾舞女中居然有不少是中學以上文化程度的，甚至還有個女博士舞女。當時，舞

陳曼麗

女的月收入可以高達三千至六千元不等，是普通職員的十倍以上。

　　這些舞女中艷名最盛的是色藝雙全的陳曼麗，長得美艷非常，不但舞技出眾而且還擅長京劇。當時有個銀行家劉晦之對她情有獨鍾，極力追捧，兩人遂租屋同居，劉晦之雖讓陳曼麗脫離伴舞生涯，但她不願意做金絲鳥，不久之後又回到百樂門重操舊業。1941年太平洋戰爭爆發，陳曼麗因拒絕為日本軍官伴舞，被日本人派人槍殺在舞廳內，上海人還為這個有氣節的紅舞女舉行了隆重的追悼會。

　　百樂門還有許多出色的紅歌星，著名散文家、翻譯家梁實秋的妻子韓菁清當年在三千多名應考者中以《賣鞋歌》、《夜來香》、《海燕》三首歌脫穎而出，成為百樂門「一代歌后」、「大眾情人」。韓菁清和其他歌星不同，她既不是小家碧玉，也不是窮人家的養女，而是一位出身於豪門的小姐。1946年8月，新仙林舞廳選舉「上海小姐」、「歌星皇后」，她又以一曲《雷夢娜》征服了評

《日出》書影

委，登上了皇后的寶座，一夜之間，成了十里洋場的新聞人物。

　　但像韓菁清這樣為了證實自己的能力而踏進舞廳的女孩是極少數，大部分的舞女是受生活所迫，為了養活一家人，才出來拋頭露面當舞女賺錢的。一旦在營業性舞廳裡躋身於舞國紅星之列，她的行蹤、家世甚至連平時的穿著打扮，特別是一些隱私，都會成為飯館酒肆、街頭巷尾小市民們茶餘飯後的絕妙談資。各色的小報上，舞女的故事還常常出現在諸如盜竊、欺詐、輕生、情殺、舞弊和家庭凶殺等大字號標題之下。

　　著名劇作家曹禺的名劇《日出》據說就是以百樂門舞場舞女為範本編寫的，公演後盛況空前。上海劇藝社的編劇于伶也以舞女生活為素材，創作了反映孤島時期舞女悲慘遭遇的劇本《花濺淚》，並由舞女們自己在黃金大戲院舉行救濟義演，還有很多描寫舞女的歌曲，有一首叫作《三輪車上的小姐》，是這樣唱的：

《花濺淚》劇照

三輪車上的小姐真美麗，
西裝褲子短大衣，
眼睛大來眉毛細，
張開了小嘴笑嘻嘻，
淺淺的酒窩叫人迷。
在她身旁坐個怪東西，
年紀倒有七十幾，
胖胖的身體大肚皮，
滿嘴的鬍子不整齊，
全身都是血腥氣。
你為什麼對他嗲聲嗲氣，
他憑什麼使你那樣歡喜，
這究竟是什麼道理，
真叫人看了是交關惹氣。

這首歌曲在當時風靡上海，幾乎大人小孩都會哼上幾句，歌詞

247

在詼諧幽默之中透著無奈，極具諷刺意味，歌中還夾帶了上海方言，原唱者屈雲雲唱起來哆聲哆氣、交關若氣，用上海話更是別有風味。

　　抗戰勝利後，國民黨大小官員、美國士兵齊集滬上，上海各跳舞場再次進入了黃金時期。1947年之後，國民黨政府因為內戰失利，為了整飭軍紀，鼓舞士氣，公告限令國內的舞場全部停業，卻不對舞女的生活職業做任何安排。當時的舞場，大部分舞女家庭負擔都較重，在經濟崩潰的形勢下，這無異於將舞女和靠她們吃飯的家人推到了死路上去。最後舞女們聯合起來，並派出代表向上海市社會局局長吳開先進行交涉。吳開先吩咐軍警阻攔舞女，雙方發生衝突，結果造成了震驚全國的舞女風潮。風潮過後，禁舞令被迫取消，大小舞廳照常開業。到解放前夕，上海舞場共有一百多家，舞場之多，在全國各大城市中可謂是首屈一指。

　　公共舞廳的伴舞業在早期是白俄女子的世界，只要翻開任何一

大世界

本關於老上海的畫冊，幾乎或多或少都可以看到白俄舞女的照片，她們一度是老上海故事裡的重要人物，她們也構成了三十年代上海最性感最刺激也是最具傳奇色彩的部分。

　　薩金特（Harriet　Sergeant）在她的《上海》一書中寫道：「白俄舞女和白俄保鏢一起，構成了上海白俄的基本形象。一位英國男士曾對我說，『她們美麗而神經質，高傲、絕望而又十分、十分迷人。』」

　　可年輕的俄羅斯女郎仿佛已完全不記得自己的身世，金色的舞裙毫無表情地在樂聲裡旋轉旋轉，早年的貴族血液已經完全流失乾淨了。

弄堂

　　如果有人向您：弄堂是一個什麼樣的東西？那麼，您會怎樣回答呢？您可以說：弄堂是四四方方一座城，裡邊是一排一排的房子，一層樓的，二層樓的，三層樓的，還有四層樓的單間或雙間房子，構成了好多好多的小胡同子，可是，那座小城的圍牆，同封建的城坦不一樣，而是一些朝著馬路開門的市房。也許，您的回答，使聽者更為莫名其妙。實在說，不親臨其境的人，不實踐弄堂生活的人，是不會曉得什麼是弄堂的奧妙的。

　　如果您是一個異鄉的旅人，想要在上海居住一段時間的話，假定您的生活條件並不優裕，您是盡可以到那些弄堂裡去租一間房間。但是最好是要找一個朋友作嚮導和翻譯。若不然，不但連房子都找不到，而且還要挨女二房東的臭罵。被「老上海」或冒充「老上海」的朋友領著，是可以很合路線地去找房子的。

　　如果嚮導不指給您看弄堂門口的話，也許你會不得其門而入都說不定。街口多半是有油鹽店、醬園一類的商店，在弄堂門祠裡，

石庫門弄堂

十有八九是可以發現到一個掌破鞋的靴匠攤子，和一個賣連環圖書的舊書攤。那您可以在弄堂口上把招租紙再檢閱一下，隨後就可以到弄堂裡去尋找出租的房號了。初次見面弄堂裡的房屋，或者會疑惑那是一些放大的鴿子籠或縮形的廟宇，或者也會聯想到同前門外的八大胡同一類的地方有點相似。如果您要找哪一家房子的話，可以敲他家的後門。在上海，靠做二房東生活的人家，多半是由後門出入的。當您提出要看一看房間時，二房東則一定要問您做什麼生意，然後講好房金，付好定洋，就可以隨時搬進去了。那樣一來，您就可開始過弄堂生活了。

251

小吃攤

　　下午您搬進房間裡，如果不是夏天的話，您倒感覺不到特別異樣的景象。不管您住的前樓還是亭子間還是什麼名目的房間，您總會覺得這回是進了牢籠了。四處都是房子，除了仰頭到四十五度的角度以上才看得見的天空，再不會瞅見其他任何的自然，大都市激動的神經強烈的刺激，也都到不了您那裡來。在人群的中間待著，您會感到比在沙漠曠野更為孤獨。每日的飲食，以及大小便，簡直成為一個極難解決的問題。也許您當時一時想不到解決辦法，除非您的嚮導順便給您買一只馬桶來。總之，初次的弄堂生活的印象，只是孤獨與無聊。

　　到第二天早晨醒過來，那您就覺得到了另一個世界了。如跑馬的奔馳聲音，如廊里的木魚聲動，又如在日本東京清早的木屐響聲，您聽見弄堂裡響起了不調和的合奏樂。永遠是同樣的樂器，接接連連地合奏的，足足持續了一個鐘頭兩個鐘頭的光景。不細細地去思索，真不曉得是一些什麼器樂。您起來，可以聽見有一些山歌般地「咿唔哀啞」的調子喊叫起來了。這時。開始了弄堂中的交響

Temple in the Old City of Shanghai

豫園小吃攤

樂，您就越發要覺得神秘了。如果您出去到被稱做「老虎灶」的開
水鋪裡去打白開水的話，那就可以對適才聽到的合奏樂，用聯想做
出一個答案！從後門口望去，家家都有一個或兩個紅油漆的馬桶，
在後門口陳列著。那種羅列成行的樣子，又令人想起像是一種大閱
兵式，方才的馬桶合奏樂，又令人懷疑到是野戰的演習了。賣青菜
的挑子，在弄堂裡巡遊著。家家的主婦或女傭，在門外同賣青菜的
爭講著，吵鬧著，到處水漬，腥氣，那令你不得已要在嘴裡含一支
香煙。也許您會因之墜入沉思，想像著上海的馬桶和汽車的文化來
了。

　　餛飩擔子，騙小孩子的賣玩具的小車，賣油炸豆腐的，賣酒釀
的，一切的叫賣，一切的喧聲，又構成弄堂的交響樂。如果是冬季
或春秋的話，那些比較地道的弄堂，這一類交響樂大都是限制在上
午的。在不和諧的弄堂交響樂中，更可以看見在後門外有各種不同
的滑稽小戲的表演。東家的主婦，西家的女僕，在那裡製造弄堂的
新聞，鼓動弄堂的輿論。如果您能夠懂他們的儂啊儂的話語的話，

253

小吃攤

就可以聽到好多好多的珍聞軼事。就是不懂那些話語，您也可以把那當做一幕一幕的啞劇去觀賞。在那種啞劇中，又可以看東家的男僕同西家的主婦是身分平等的，您也看出來一切的表情上的生動真實。為了買青菜省一個銅元，勤儉治家的主婦，有時也捨得向賣菜人送一個飛動的秋波。這種弄堂裡的活劇，若是到了夏天，更要大規模地上演了。母夜叉孫二娘穿著黑香雲紗褲子，手拿著鵝毛扇，可以在弄堂裡表演她的神通。到處擺著椅凳，人們團團地聚坐著，尤其是晚上，到處可以看出人浪來。女人的黑褲，排列起來，如果您不小心，她們突出的臀部的雙曲線就會碰到您的身上。這時做看門巡捕的，又有了很好的享受時機。在習習的晚風裡，產生了浪漫史和悲劇的連環圖畫。馬桶之神所統治著的那些弄堂，又成了一個沒有一根草的夜花園了。那也就是黑褲黨的大滬飯店和百樂門跳舞廳啊。

　　弄堂房子中的那些密集的房間，是有一些美麗的名稱的：後樓，閣樓，亭子間。可是，那些美的名稱，正是給人以相反的印

象。若是小姐住在後樓裡，一定會想找一個不管什麼樣的丈夫好搬
到前樓裡頭；亭子間，倒不像亭子，而像是一個水門汀的套子；閣
樓原來是棚板上的一塊空間，更是徒有虛名了。然而，這樣，才是
同馬桶文明相調和呢！

　　現在，這種，馬桶文明的弄堂，越發不景氣了。馬路大街中，
終年看得見大減價的招牌，弄堂的門口，招租紙也是終年地張貼
著。到處演著減租和欠租的悲喜劇，可是，馬桶的交響曲，是不是
也奏出悲音來了呢？恐怕珍聞軼事在量上是更豐富了。然而坐在馬
桶上談笑自如的一家之主婦，怕要更加堅決地去保持她的傳統啦。
－－穆木天《弄堂》

　　1935年，一條弄堂和某些女人的一生之間是劃等號的。她們
生於斯、長於斯，如果走不出去，吃喝拉撒就全在一間房裡，馬桶
放在床腳靠板壁那一點點地方。薄薄的板壁外面，走道裡人來人
往。晚上搭把梯子，娘姨帶大寶、二寶上閣樓去睡覺，小寶睡在夫
妻兩個中間。日子一天一天地過，慢慢地她老了，最後死於斯。

獨輪車上的紡織姑娘

　　在轎子的時代，陸路的代步工具只有兩種，除了前面提到的貴族化的轎子，另一種就是平民化的小車，俗稱「江北車」，也叫「羊角車」，因為是獨輪的，又叫「獨輪車」。小車長期流行於長江以北的農村地區，一直到十九世紀六十年代初開始，小車才從蘇北地區漸漸傳入上海。

　　最初，一般都是客貨兩用，載貨一次可載運兩百多公斤的貨

獨輪車上的紡織姑娘

五種交通工具

物，這種車輛因為在大街小巷都能靈活運行，遠比人力挑扛要輕便快捷得多，因此到十九世紀末，羊角車已成為滬上使用最為廣泛的貨運車輛。辛亥革命後，小車在城市貨運中所占的主導地位逐漸被榻車、老虎車所取代，但因為捐照小車的數量始終維持在萬輛以上，因此在小批量貨物運輸中，小車仍然得到廣泛應用。

這種獨輪的羊角車也載客，載客時可坐四至六人，但必須兩邊坐人才能取得平衡，否則就要傾翻，車輪外裹著鐵皮，走在石子路上顛簸得很厲害，時間稍長，坐在上面的人就會覺得十分的累乏，所以有錢人跟這種車子是無緣的。

一部上海的歷史，可說是從轎子到汽車的歷史。在黃包車、馬車、汽車還有電車、自行車、三輪車交替著往前演變的過程中，上海的女人們小腳放開了，衣服的腰身掐緊了，頭髮燙鬈了，轎子早就不見了蹤影，可同時期的羊角車卻依然出沒在社會的下層民眾間，一些工廠女工外出時還常雇用小車。

黃包車夫與印度巡捕

　　有一本出版於上海「孤島」時期1939年版的《上海漫畫詩》
（Shanghai Picture-Verse），詩作者名叫派特利西亞·阿倫（Patricia
Allan）。當時日本軍隊還沒有進入租界，我們可以看看三十年代一
個老外眼中的上海。

　　太陽剛剛照天空，

　　紡織姑娘去上工，

　　她們坐著獨輪車，

　　吃吃地笑，怕羞害臊。

　　頭上扎著手帕，

　　有淡藍，有灰白，

　　身邊帶著竹籃，

　　把這天的飯裝滿，

　　歸來已是黃昏，

　　她們面向家門，

獨輪車上的紡織姑娘

年輕的臉上露倦容，

獨輪車慢慢滾動，

竹籃裡都已空空，

眼睛瞪著好淒楚，

你是否看到她們頭髮上的棉絮？

——《獨輪車上的紡織姑娘》

對於一個紡織廠的女工來說，眼前的這座城市再繁華，離她們還是很遙遠，她們每天往返於住所和工廠之間，在隆隆的廠房裡一刻不停地忙碌，雖然比包身工要強些，可還是沒有太多的人身自由，往往動輒被廠房打罵、處罰甚至開除出廠。

當時，還有大量流傳於販夫走卒、引車賣漿之輩中的市井小調，有一首寫賣花和做小買賣的姑娘：

看姐行來看姐行，

賣火行

看見姐姐賣花人，
三天不把花來賣，
家裡餓死多少人；
牙齒敲敲一大捧，
靠她賣花度日生。

小大姐，靠河邊，
又賣餅又賣煙；
下了三天蒙蒙雨，
爛了燒餅霉了煙，
姐兒喊得苦連天。

小大姐，靠河邊，
又賣燒酒又賣煙；
有錢哥哥喝杯酒，
沒錢哥哥吸袋煙。

豫園門前的黃包車夫

　　這幾天，雨一直一直地下，像天上忘了關水龍頭一樣，沒有停過，眼看著竹籃裡的白蘭花，　子花全部都發黃發軟了，花瓣邊緣透出深色的銹邊，街上走過三兩個拉車的，她有氣無力半天才喊一聲：「　子花、白蘭花……三分、兩分買一朵……」隔壁的姐姐也是幾天沒開過張了，家裡多少張嘴巴在等著呢。

　　她低著頭發呆，雨地裡飄來不知道哪家的小孩子嫩嫩的聲音在唱歌謠：

　　嫁郎要嫁讀書郎，
　　白扇搖搖入學堂，
　　一年下州考兩次，
　　半真半假秀才娘。
　　也許只有趕快嫁個好人家才是正經，其他可還有什麼出路呢。

第八章 縈繞不去的咖啡香

麗人行

前兩天，在綱上看到一首《鷓鴣天》，作者署名叫楊棄疾，寫的是舊上海風情，很有味道：

石庫門前下水槽，收音機裡老歌謠。
布裙街道梧桐樹，落日黃昏白渡橋。

針手帕，綠荷包，泛黃相片舊旗袍。
咖啡館外青油傘，小巷深深細雨飄。

最早對於舊上海的印象源於一位長輩。有一次她突然來了興致，說起一些年輕時的舊事：日本人打進來的時候，急著要逃難，顧不上女兒家平時積攢的小玩意。等到日本兵撤了，回到家裡，整所房子弄得亂七八糟，就連抽屜裡鑲水鑽、彩色螞蟻珠子的胸針、耳環、戒指之類不值錢的東西都扔到地上，踩得粉粉碎，人一進去，腳上帶得滿地板紅紅綠綠閃閃發亮地滾來滾去，叫人看上去就心痛。

石庫門

又一次看我們在擺弄十字繡，就說：你們現在的這些時髦東西其實我們那時候都已經時興過了的。

我說這是韓國的。她回了一句，什麼韓國的，明明是中國的，轉身進房去了，過了半天出來，手裡拿著一只放紐扣的小袋子，發黃的十字布料上繡著兩公分見方的一個「福」字，背面一朵鳳仙花，比現在的精細不說，還的的確確是十字繡，她在一邊嘟噥，你看看是不是，是早就有了的嘛，儂偏偏勿相信。

上面這首《鷓鴣天》也是今人憑著這城市還殘留的一點傳奇輪

265

廓，調和著自己的想像，對那個逝去時代的懷想。

　　滿地的珠子，泛黃的刺繡，老唱片上走調卻依然不委婉嫵媚的女聲，箱子底裡樟腦氣息濃重的旗袍裙襖，細細碎碎，拼拼湊湊，居然成就了另一種花團錦簇的風情，說不盡的嫵媚風流，逝水流年裡的一個匆匆而過的春宵。

情色咖啡

午後的陽光好極了，透過大幅的玻璃牆罩落到身上，一種暖和舒適閒散的感覺，咖啡室的店堂顯得很深遠，除了那一牆的光線外沒有開燈，便顯得那光由深及淺十分的層次分明，散到角落已有了一兩分的暗淡。

空氣裡漫著一股濃香。

點了一杯拿鐵，坐在那裡翻書，只愛點拿鐵，喜歡分明的層次和濃濃的奶香。

一直知道自己是一個不懂風雅的人，對咖啡的好感起始得尤其粗糙。一個大盒的二合一雀巢，因為快要過期便每天下午泡上兩杯邊敲鍵盤邊喝，不料竟漸漸上癮，尤其喜歡熱水沖下那片刻騰起的一股香味，溫暖的，讓人閉上眼就能隨意想像的：

麗人行

　　匆匆的路人突然聞到遠處飄來的一縷咖啡香，空氣一定是寒冷而清澈的，雨點打在傘面落下來濺到袍子的下擺，一陣風吹過，那香是更濃了。於是，決定停下腳步暫歇，推開玻璃門，叮的一聲鈴響。坐在「DD』S」的火車座沙發裡，從這裡看出去沙利文的招牌就在馬路的斜對面，要一杯咖啡，女招待端著一個樹型蛋糕盤走過，不妨也挑上個一兩塊。暖色的燈光籠在彩色的玻璃燈罩裡，咖奶然後加蜜糖，時間在杯與匙不經意的觸碰之間開始回放。於是突然想念起初戀時候的小情人鬢邊那一縷細柔烏亮的軟髮，風一吹拂過耳際，真想替她抿一下……

　　那種感覺一定很不錯。

　　記得上海東視早幾年曾放過一個有關咖啡館的連續片，主題是介紹各地著名的咖啡館及各式咖啡，名字好像是叫作《走進咖啡館》，零散地看過兩集，每天晚上十一點多放映，感覺真是很好的

時間，萬籟俱寂卻又不是十分得晚，像一杯才泡上來的咖啡，熱熱的又不是很燙，剛好入口。

喜歡片中段與段之間的那個小小的連接，幾張悠閒的畫面上斷續印數行字：

「我不在家裡，就在咖啡館……」

「不在咖啡館，就在去咖啡館的路上……」

總覺極具懷舊的風情，像一件老式旗袍，雖然年代已久遠，在陽光下抖開，緄邊、繡花、高開衩、盤花扣，還有元寶領，或者是上窄下寬的小喇叭袖，無一不在訴說著當日七重天霓虹燈管下閃爍的眼波笑紋裡滿溢的情意。

不加糖，感覺太膩。

不加酒，那樣味道香得有點妖異。

只加伴侶，看白在褐色裡旋轉混合，劃出一個個轉動的同心圓，起點即是終點，然後看它們漸漸合為一體。

於是，希望自己是一杯咖啡，愛我的人不介意起初的苦澀，用心加伴侶，一匙或者兩匙，喝一口，香極，還有那一份溫暖無比。

肥白如瓠炒肉團

　　這兩天突然食慾大旺，不知道是因為天氣才暖了半截又突然涼下來的緣故，還是一直以來的節制帶來了反效應，常常是才吃完沒隔多久就又覺得餓了。

　　季節已開始露出春的端倪，樹葉的芽小小地冒出一點，迎春卻像一道鮮亮的瀑布，熱烈地垂在河沿上，白天的陽光雖帶了幾分灼熱但為時卻還不長，早上懶洋洋地才照出來，通常午后四點左右又開始隱退，很像過了蜜月期的夫妻，漸漸地溫吞水起來，空氣漸漸濡濕清亮，有意無意地就讓人很是想念各式的佳餚吃食起來。

　　特別想念一種炒肉餡的糯米團子，南京路上的沈大成裡就有得買，大小比清明前的艾草青團子要稍大一圈。雖然名字叫做炒肉餡團子，其實它的餡並不只內這一種，還有青菜、筍絲、蝦米、扁尖和木耳等等，全部切成碎末狀，肉裡味道鮮美，外皮細膩軟糯，才

271

Grinding Rice, China

年糕湯團

出籠的時候一咬湯汁淋漓，好吃得簡直要命，如果再配上一小碗新鮮的雞頭米煮的甜羹，更是讓人吃罷回味無窮。

糯米的食物又非常耐切，一個團子下去常常到中午還不會覺得餓。不過吃多了也不行，小的時候曾經有一次餓極了，一下吃了四個下去，結果腸胃不順，調理了一個星期才好，老人就說是「吃頂掉了」。

雖然喜歡吃，但想像中一直覺得才出籠的團子非常可笑。籠屜蓋一打開，個個肥白且不停冒著熱氣，它又不像包子或是花卷，有些折痕或是點綴著些蔥花什麼的，整個圓滿盈潤，很像澡堂裡那一個個泡在大池子裡的大光頭，同樣都是肥白而不停冒著熱氣的。

用「肥白如瓠」四個字來形容是最貼切不過的，這倒不免讓人
想起這樣的一段話來：

「一年前回上海來，對於久違了的上海人的第一個印象是白與
胖。在香港，廣東人十有八九是黝黑瘦小的，印度人還要黑，馬來
人還要瘦。看慣了他們，上海人顯得個個肥白如瓠，像代乳粉的廣
告。」

這段文字寫於1943年，收集在張愛玲作品集的《流言》一書
裡面。

我完全沒有要借此攻擊上海人的意思，要知道現在他們的神精
是很脆弱的。為了上海男人該不該像個上海男人這樣的題目就在《
海上論壇》寫了整整十六頁之多，你一言我一語非常熱鬧。而且我
自己的籍貫也是上海，斷沒有自打耳光的道理，只是想起來好笑還

張愛玲《流言》封面

真是挺好笑的，如今走到街上，肥白如瓠的還真是不少，不光是上海，到處都是。

　　但是想像總歸有著想像的謬誤，後來漸漸知道，炒肉餡團子其實並不是像肉包一樣一次做好再蒸出來的，而是餡歸餡炒熟了，糯米粉也一樣和好了蒸熟，再　出薄薄的皮子，現包現賣的。

如果沒有你

在吉隆坡市郊,有一處別緻的名人遺跡、文化景點——琴墓。墓地四周植有各種花草,擺放著石桌和石椅,整個建築顯得美觀而莊嚴:正中是一個美人的圓框遺像,她那眼波流轉、嫵媚動人的笑容栩栩如生;左首墓碑刻有「一代妖姬白光永芬史氏之墓」,左右用楷體大字雕刻著一副對聯:「相好莊嚴,智慧殊勝」,下面的橫幅是:「如意寶珠」四個大字。

沿著墓旁的石級而上,就可以看到在一塊黑色的大理石上雕刻著墓誌銘,墓誌銘的下方鑄有一排黑白相間的琴鍵,琴鍵上端刻有一行《如果沒有你》的五線譜,那是因為白光生前曾說過,在她演唱過的眾多的歌曲中,《如果沒有你》是她最為喜愛的一首。

如果按動石級上的琴鍵,自動播放歌典的裝置立即會播放出白光悅耳動聽的歌聲:

白光

「如果沒有你，日子怎麼過？我的心也碎，我的事也不能
做⋯⋯」

白光之墓建成後，前往憑弔和參觀者終繹不絕。2000年，白
光逝世一周年之際，各地白光的影迷和歌迷聚集在位於富貴山莊的
白光墓地，深情地舉行了「魂縈舊夢懷念白光」的追悼會，表達了
他們對白光永遠的懷念。

如果沒有你日子怎麼過
我的心也碎我的事也不能做
如果沒有你日子怎麼過
反正腸已斷我就只能去闖禍

我不管天多麼高更不管地多麼厚
只要有你伴著我
我的命便為你而活

276

如果沒有你日子怎麼過
你快靠近我一同建立新生活

　　第一次聽到這首歌是在一個老咖啡吧，我不知道是誰唱的，只覺得聲線非常的特別，渾厚略帶一絲沙啞，又不失甜美。身邊的朋友卻開口了：現如今少了誰地球還不是照轉，只不過有一樣是萬萬少不得的，就是──錢，所以，我說這首歌裡的「你」一定是指的錢。

　　惹得大家哈哈大笑，細想卻也沒什麼不對，不妨索性承認自己是俗人，如果沒有錢日子當然不能過。

　　試想坐在寬大的露台上，底樓攀沿而上的紫藤已經打出串串的花苞，清香在風裡忽遠忽近，一邊享受陽光的擁吻，一邊品嘗香醇的葡萄酒和最好的芝士蛋糕，一個人的寧靜有時遠比緊身衣、超短裙、網眼襪又酷又炫的夜生活或一段不期而至的豔遇更讓覺得妥帖

舒服。進入二十一世紀的物質女孩，她的理想生活應該是一趟包含著慵懶和獵奇的旅程，因為註定是單程，所以可以義無反顧，以自由的名義選擇冒險。

「你」啊「你」，如果沒有「你」，我的日子沒法過！

這個春日，期待一段美麗的邂逅

　　一連加了很多天的班，偶爾可以早出來半天，在街上漫無目的地閒逛，初春的日子感官突然變得靈敏，心情和身體開始渴望舒展出一道亮麗的風景，陽光的氣味飄忽不定，風在樹梢安靜地跳躍，久別重逢的輕鬆寫意從足下一直瀉滿了整個春日的街道。

　　被櫥窗裡一件深米色一字領的針織衫吸引，柔軟的織物握在掌心，指尖在瞬間湧起溫暖嫵媚的性感。

　　一條淡色透明的長絲巾，在頸上繞一圈，鬆鬆挽一個結，短流蘇隨著身體的擺動像那年春天柳樹上飄下的絮，輕輕拂一下，恍惚還能看到你漸遠的背影。

　　踏上淡駱色的軟皮短靴，足下頓時輕盈起來，在鏡前轉一個圈，真想和你就這樣走到天荒地老。

於是，花一整個下午想尋找一條秋天樹葉一樣顏色的裙子，讓心情和身體在這個春天裡徹底復甦。

女人的心意總是瞬息萬變，尋覓在不經意間開始，卻往往在刻意之後無疾而終，太平洋、伊斯丹、百盛……整條淮海路……

天黑了，月亮圓滿明亮地照出些微的遺憾，沒有所得，衣緣有時候和情緣一樣，可遇不可求。

休息天，在家裡整理春裝，打開櫥門，手指下意識地逐件撥動衣物，感覺像在翻動早年記下的日記本，頁與頁之間是曾經滿溢的快樂和不快樂的青春韶華，卻無可避免總是會和記憶裡的某個人聯繫起來，縱橫的纖維紋理編織出留不住的海誓山盟、逝水流年。

在箱底發現一條裙子，竟然和那天想要找的幾乎一模一樣，一

貫崇尚的簡單經典選衣法則，使得這條裙子時隔經年，樣式和顏色卻並沒顯出半點老舊。

　　配上新衣，穿在身上，鏡中是意想不到的妥帖和美麗。

　　尋覓了很久，想要的原來就在自己身邊。

　　不管是否願意，時間總是朝著同一個方向流逝，我們長大、成熟，匆忙間卻漸漸遺忘了過往生活中的美好點滴，突然很想知道，最渴望的人是否也正是被自己忽略的那個人呢？

　　只是人與衣畢竟是有差別的，你的衣時間再久，總還是你的，人卻不然，時過境遷，並沒有誰會為了誰而風露立中宵，最終只能感慨滄海桑田，物是人非。

　　和要好的女友約好逛街，中午十二點多買完東西去了新天地，

麗
人
行

上海的新天地如今是一片「老年人覺得懷舊，年輕人覺得時尚、外國人覺得很中國，中國人覺得很洋氣的」神奇建築。

我們一起在那些風格各異的洋房之間閒逛，深灰的磚牆緊密帖服給人一種寧靜踏實的感覺，老式的里弄深遠而悠長，讓我想起小時候祖母的舊居地。

乍暖還寒的氣溫讓街上的景緻豐富得極有層次感，老外們多數是著短袖T恤的，年輕美麗的女孩子們更是一道亮麗的風景，到處都是細心描畫的美目紅唇，髮色繽紛，一抬手白膩的肌膚自露臍裝那一截空隙處袒露出來，金色的陽光隨意塗抹，顯得白的越發得白、紅的越發得艷起來，長長短短的裙衫襖褲，讓人目不暇接，擁有著優厚物質基礎的人群在這裡來回悠遊，像一缸五彩的熱帶魚。

我在室外的微風淺陽裡享受烤魚排和生蚝，然後是甜品芒果布丁。

朋友詫異於我的好胃口，我說：「我要美酒加咖啡，一杯又一杯……」。

她笑起來，問，像我們現在這個年紀是否還會像十分年少時那樣深切地愛上一個人？

我說會，個中差別或許只是機率較年少時要小了許多，就如同現在買衣，時間讓我們眼光日益挑剔，口袋裡的荷包又讓我們早已積累下滿櫥滿櫃的衣物、鞋子、瑣碎的林林總總。那麼今時今日，除非看到一見鍾情的東西，才會不管不顧地買下來，不然就只是看實際需要購物了，穿起來固然也是舒適得體，卻再也沒有當初那種盲目衝動、一見傾心的感覺。

情緣在很大程度上與衣緣相似，隨著年齡的增長，吸引眼球的東西卻越來越少，偶爾遇到買到喜歡又適合自己的人，還要看多方

麗人行

條件是否許可，稍一猶豫，機會便稍縱即逝，最終也許不得不放棄那些曾經充盈我們頭腦的風花雪月、不切實際的念頭，轉而只求一段較為合適自己的婚姻，然後過著平淡正常甚至是幸福的生活，就算當初欠缺一點衝動、一點傾心，或許也沒有什麼不好。

只是，一直還是喜歡買衣，喜歡那種和心儀衣物邂逅的心動感覺，也許正是潛意識裡對另一種邂逅的盼望作祟所致。

春意漸濃的午后，坐在露天咖啡吧看淡淡陽光裡飛舞的灰塵，面前是一杯摩卡，香濃的味道讓人懶散著不想做任何事情，於是專心致志地想念起那段記載在一條秋日樹葉一樣顏色的裙子上的記憶，心底是水樣的溫柔。

這個春日，期待一段美麗的邂逅。

第八章　縈繞不去的咖啡香

LOGO開運風水設計寶典

作者／陳正倫
書系／專家製造 b02013
價格／269元

知名新聞主播李四端說：「陳正倫老師
改變了我對風水學說的看法，而陳老
師對風水的專精則改善我的事業與生
活。」
由國內知名命理老師陳正倫所著的
「LOGO風水設計寶典」幫助您成功設計
LOGO、傳單、名片、菜單、海報…無論
是開店、開公司、或是成立個人工作
室、自己也可以設計出讓業績蒸蒸日上
的POP製作物！

居住空間規劃風水

作者／陳正倫
書系／專家製造 b02025
價格／289元

• 個人五行+居家風水+室內設計自己動
  手不求人！

• 臥房、書房、廚房、衛浴、神桌等5大
  區域讓你深入淺出瞭解原理，趨吉避
  凶！

• 以室內設計師的眼光，擺設風水大師
  的格局，讓風水也有設計感！

居空間規劃風水（下）

作者／陳正倫
書系／專家製造B020
價格／299

英國專業設計師協會資格會員、12年實
踐大學室內設計及堪輿風水講師、天風
設計專任風水顧問—陳正倫老師　全新
風水大作！
個人五行+居家風水+室內設計＝面面俱
到的完美居住環境！
吉祥住家好風水，看完本書自己來！
輕鬆掌握客廳、餐廳、客房、廚房、陽
台、樓梯、地下室等7大區域風水設計
超值附錄！陳正倫老師獨家「風水擺
設」完全寶典！

命名寶典-
1000個姓名格局大公開

作者／黃逢逸
書系／專家製造b02031
價格／289

還在為運勢不順而苦惱嗎？
想要改名卻又怕江湖術士「一隻嘴黑溜溜」
嗎？
別擔心！黃逢逸老師獨家統整1000個姓名學
格局首度公開！
完整呈現姓名學中所有組合，讓你由本身生
辰命格、個性、職業別…等
全面向切入，不論為小孩命名、為自己改
名、還是創業取名保證無往不利！

六神五行生肖姓名學

作者／黃逢逸
書系／專家製造 b02024
價格／249

• 人格完全分析！

• 逾50位知名藝人姓名精準分析範例！

• 12生肖姓名用字全記錄！

「姓名學寶典」之後，獲得諸多的迴響，
為了證明大家都能學好姓名學，再次推出
「姓名學寶典一五行進階分析」，打破筆畫
吉凶迷思，進階分析五格筆畫數與陰陽五行
生剋關係！

姓名學寶典

作者／黃逢逸
書系／專家製造 b02039
價格／249

• 十年運勢全披露。

• 不用天格、地格，只要會算筆畫，
  就可以知道人生的運勢。

• 大成報連載姓名學老師—黃逢逸，
  精準預測、掌握未來！

只要有名字，就可以知道人生的運勢，
不必八字，人的運勢完全由姓名掌控。

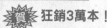

李明川專區～

BEST SALES

賀 狂銷熱賣8萬本 持續熱賣中！

賀 狂銷熱賣12萬本 持續熱賣中！

型男達人李明川繼「型男補習班」再次開班授課！

20項化妝髮型必勝攻略+8項保養秘技＋10項服裝造型精神＝美女保證！

本書分為【化妝髮型篇】、【保養篇】、【服裝篇】三大單元，並以專業易懂的命題式介紹，「市面上所有化妝書都沒教到的事」、「讓妳上班不遲到的彩妝術」、「我要跟日劇女主角一樣甜美動人」、「讓妳桃花朵朵開的彩妝術」、「讓妳不花錢的整型術」、「再也不用擔心脫了衣服會怎樣」…等，輕輕鬆鬆，徹底實現妳成為美女的夢想。

美女保證班

作者／李明川
書系／專家製造b02021
價格／320元

演藝圈知名彩妝造型師李明川現身說法，經由親身經歷與專業的工作體驗，發展別出心裁的一套「有型男」化妝保養完全手冊！

專為時尚有型男量身打造的「型男補習班」，深入淺出的告訴你如何解決一直困擾著你，你卻無從問起有關保養、造型的實用工具書！

不論你是男是女，都不可錯過這本「型男補習班」！

男人讀了強筋健骨、容光煥發！

女人讀了增強功力、分享感情！

型男補習班

作者／李明川
書系／專家製造b02014
價格／280

LOOKING型男魔髮補習

作者／李明川
書系／Livinfo B04007
價格／99

- 直擊素人造型大公開
- 髮型 DIY 及髮品介紹
- 男生保溼產品大評比
- 如何正確使用面膜

型男救星李明川：不費力打理出酷勁有型的Hair Style

藝能界類廢帥哥李威：我不帥，但是我很有型！

CHARMING美女電眼保證

作者／李明川
書系／Livinfo B04008
價格／99

- 輕鬆化出存在感流行的美麗眼妝
- 拜美教必殺百件眼妝商品

拜美教主李明川：眼妝真的很重要，可以改變妳的人生！

藝能界電眼教女王何嘉文：不要懷疑！我就是流行！

四款夢幻必備單品實搭法則，一衣多穿大公開．．

陽光‧沙灘‧塞班島

作者／艾迪昇傳播事業股份有
限公司
書系／藝人製造 b01051

沙灘、陽光、珊瑚礁，海島樂園賽班島觀光大使唐林、
蔣偉文帶領讀者徹底暢遊塞班島，鷂�览廣闊大海！

LOVE MOTEL

作者／大炳
書系／藝人製造 b01035
價格／289

旅店達人大炳帶你／妳走入愛和慾的模糊區直達鋼筋城市的性感地帶
⚥ 旅途必備十家，專治情感不順
⚥ 使用步驟：親密、溫存，愛撫…
⚥ 年終獨享→全台精選汽車旅館十家

☆獨家搭配：深情款款，愛慾橫流　LOVE小說
☆激情特蒐：全省情愛店大串聯

藝人Fun玩系列～

Party Queen

作者／楚瑾
書系／藝人製造 b01039
價格／289元

享有演藝圈「夜店女王」之稱的楚瑾，
本身是夜店的忠實狂熱份子與愛好者，
並對世界夜店的生態環境有深刻的觀察
與體驗。
我們以情境的設定導入本書，分為六大
主題如下：（A）制服之夜、（B）化妝
舞會之夜、（C）復古之夜、（D）HIP-
HOP之夜、（E）時尚晚宴、（F）比基尼
之夜。

溫泉鄉的吉他

作者／黃品源、柏室編輯部
書系／藝人製造 b01011
價格／289元

• 唯一有音樂的溫泉書！
• 真正屬於男人的心情溫泉書！
• 台灣北部精選優質溫泉飯店精心介
　紹，飯店特點大公開！
• 另附全台200家溫泉資訊收錄！

ㄅㄆㄇ遊日本

作者／佐藤麻衣
書系／藝人製造 B01019
定價／289

• 麻衣教妳用ㄅㄆㄇ血拼日本！6大血拼
　主題！超過100項實用語彙！
• 會唸ㄚㄧㄨㄟㄛ，就能在東京、涉
　谷、原宿、上野、池袋等地通行無
　阻！
**讓妳第一時間買到台灣沒有的最新日本
流行配備！**

柏室科藝官網http://www.bothtechart.com.tw加入會員可定期收到本公司最新的出版資訊及記者會、簽書會等活動的最新訊息！
還有針對會員不定期舉辦專屬書展，享受柏室科藝會員獨享折扣與待遇。

四季養生大全

作者／柏室編輯部
書系／生活製造b04018
價格／289

獨家披露！禽流感大作戰！24節氣養生法！
中國文化2000年全新應用廿一世紀黃曆節氣養生法！
遠古祖先的科學菁華，全新角度重新出發！

- 四季八大節氣食補養生法─特色食材，照顧你無微不至！
- 廿四節氣強命養生全寶典─古人智慧的現代化運用老祖宗
  的養生密碼盡在本書之中！
- 坊間養生秘方禁忌大解析─中醫權威以科學角度揭開坊間
  養生法的神秘面紗！

東方神廚

作者／陳國
書系／專家製造b02018
價格／660

2005年世界美食峰會「亞洲最佳廚師獎」得獎人　陳國總主廚
集合33年廚師生涯菁華，即將登場！

- 精選68道聞名中外饗菜，讓你輕鬆擁有東方神廚30年廚師功
  力！
- 「開胃前菜」、「湯品」、「海鮮」、「肉食」、「青
  蔬」、「麵飯主食」等6大項目分門介紹，五星級料理自己
  在家輕鬆擺宴！

生子食譜

作者／侯昌民、曾雅蘭
書系／藝人製造 b01020
價格／289元

美食藝人侯昌明與太太曾雅蘭，累積長期美食研究及本身的
成功經驗，特地針對想要生子的夫婦、想生生不出來的夫妻
們，從未懷孕、懷孕期到產後的各種情形，以期讓所有想要
生兒育女的夫妻，都能順利懷孕產子。
生子食譜包含產前、懷孕及產後，針對各種情境需求所設計
之16道食譜。並有生子秘方、技巧與禁忌漫談、侯昌明的夫
妻經與父母經。

愛情食譜

作者／孫興、林美貞
書系／藝人製造B01014
價格／269

孫興、林美貞幸福昭告「夫妻相處之道」告訴你在婚後如何依
然譜出甜蜜的戀曲！
就算有了小孩、就算在柴米油鹽醬醋茶之間仍然讓老公的焦點
集中在自己身上。
另外，想知道美貞如何讓孫興對自己「性」致勃勃的秘密嗎？
藥膳專家─林秋香女士的食譜將告訴你增進性慾的最佳料理！

柏室科藝官網http://www.bothtechart.com.tw加入會員可定期收到本公司最新的出版資訊及記者會、簽書會等活動的最新訊息！
還有針對會員不定期舉辦專屬書展，享受柏室科藝會員獨享折扣與待遇。

人脈理財36計

作者／彭偉華
書系／藝人製造B01048
價格／230

- 條條大路通成功！成功不是單行道，看彭偉華如何演繹成功之路！
- 職場上的聽、說、讀、寫，讓你四十歲時不用擔心會出現事業危機！

KK最精彩的人生經驗、最成功的人生必修學分。
看KK如何在藝人、創業、演戲、主持、唱歌各個領域打下一片大大的版圖，不管如何的選擇自己人生的路，KK總是扮演出最盡責、最認真的自己，這次要將最真實的分享給所有讀者。

歐巴桑清潔兵法大公開

作者／柏室編輯部
書系／專家製造B02045
價格／289

年前大掃除不知從何下手嗎？清潔臨時工找不到嗎？
本書與清潔達人歐巴桑、專業清潔公司以及家樂福、B&Q、大潤發等三大賣場合作，強勢推出！
近200項清潔秘密武器全記錄！必備清潔寶典家庭號！
專業清潔流程秘法完整公開！不用花大錢，由裡到外迅速清潔家裡！
不論是套房、公寓、透天厝…依照本書按表操課
保證讓妳從黃臉婆升級為居家清潔軍師！

熱賣6萬本！

巴黎・愛之牆

作者／鄒倩琳
書系／專家製造b02040
價格／26

中天電視台【電視早餐】主播鄒倩琳帶領您以平實的生活品味巴黎氣息！愛之牆在蒙馬特高地，可以穿過LES ABESSES廣場來到這裡。
這裡不是華麗的巴黎，沒有喧鬧的市集，不是花開滿城的美麗。
選擇了一對不同的眼睛——鄒倩琳的巴黎生活紀行

Catwalk
凱渥星模星力2006

作者／凱渥實業股份有限公司
書系／藝人製造b01046
價格／299

打造台灣第一名模林志玲的名模夢工廠！全新年度超值企劃！
有白歆惠／阮經天／林葦茹…等19位名模2006年全新私房風格寫真照獨家曝光！
- 超級實用加值！內入名模合照大海報、幕後花絮VCD及2006年月曆，讓凱渥名模豐富生活的每一天！

年前貸款指南

作者／柏室編輯部
書系／Livinfob04013
價格／99

18種貸款方式完全介紹×9項年前資金需求＝162個現金流資源整合完全攻略！
貸款情境完全比較，貸與不貸猶豫不決？本書讓你一看就上手！
加值收錄年度理財小幫手——揭開地下錢莊、委託貸款、不合法催收、現金卡四大錢坑真面目！

全方位貸款情報

作者／柏室編輯部
書系／生活製造b04017
價格／289

- 整合負債貸款、個人小額信貸、房屋貸款、汽車貸款…貸款額度、利率全面精準分析！
- 針對性貸款完全攻略！找出你的貸款方向，享受超值、花費減半！
- 拒當冤大頭！委託貸款、地下錢莊、現金卡、銀行催收…等貸款陷阱完全披露！

狂銷熱賣2萬本 持續熱賣中！

各位嚮往名模世界的美女們，請注意！
台灣國際名模先鋒、名模主一倪雅倫開班授課，報名從速！

進軍名模圈的12堂課：
第一堂：拉高妳的身材！
　—18歲前&後的身材掌握。
第二堂：飲食熱量控制！
　—日常飲食熱量完全攻略。
第三堂：必備優良膚質！
　—優良膚質長程規劃。
第四堂：名模秘密武器！
　—完美飄逸髮質一手搞定。
第五堂、第六堂、第七堂……
更多的名模必備基本功，名模教主倪雅倫即將為妳一一揭曉！

名模養成的十二堂課
作者／倪雅倫
書系／藝人製造 b01028
價格／289

狂銷熱賣4萬本 持續熱賣中！

妳知道嗎？肌膚像衣服，也會換季喔！
想知道在不同的狀況，該做什麼樣的保養嗎？
麻美在書裡面會通通告訴妳喔！

* 小林麻美的無料保養秘笈全公開！教妳不用花錢，就能擁有亮麗好肌膚
* 小林麻美的保養革命！將讓你徹底推翻舊有的保養觀念！
* 小林麻美的保養新觀念！告訴妳內在保養重要勝過外在保養！
* 小林麻美的保養品大剖析！讓妳不再買錯保養品！

保養革命美人書
作者／小林麻美（楊思敏）
書系／藝人製造 b01015
價格／289

狂銷3萬本！

本書為妳詳細解說各種胸形如何選購對的內衣、胸罩；各種胸形如何利用外力、衣服與造型變成靚胸D-cup…
附帶小專欄，唐林說明自己穿著胸罩的幾種原則，配合造型師，選穿幾款大胸脯女生最靚的裝扮，和最好別碰的穿著種類，或選穿幾款大胸脯女生看起來會變小的裝扮。另有實用專題，暢談胸部肌膚保養、胸部危機處理、手術豐胸。
最後是12星座最棒的D-cup呈現方式，由星座專家與唐林合作，共同設計適合每種星座女人的穿著與搭配方式，無論顏色、款式、配件等，都能讓妳更快地招到美麗的桃花。

魔胸upup美人書
作者／唐林
書系／藝人製造 b01045
價格／289元

狂銷3萬本！

本書將介紹臉部4大部位、身體5大方向的全方位模造美容術重點！
本書三大提示：

* 流行相貌介紹—挑一張適合的臉吧！
* 運動、節食與吃藥—慢工出細活最自然。
* 打針與開刀—削足適履只為搏君一望。

以何妤玫瘦臉經驗為例，介紹市面上主力瘦臉產品、方法及口耳相傳的偏方。

模造美人書
作者／何妤玫
書系／藝人製造 b01010
價格／289

柏室科藝官網http://www.bothtechart.com.tw加入會員可定期收到本公司最新的出版資訊及記者會、簽書會等活動的最新訊息。
還有針對會員不定期舉辦專屬書展，享受柏室科藝會員獨享折扣與待遇。

賀 金石堂排行榜第10名，一上市狂銷4萬本!

玩美達人「劉培華」彩妝造型手札

作者/劉培華
書系/專家製造b02042
價格/2899

- 今年彩妝書的最後華麗上演，完美達人劉培華的彩妝魔法書
- 快速讓妳瞭解自己最適合的彩妝造型，不是藝人、名模的妳也可以很明星！
- 四項肌膚保養策略、五大情境彩妝PARTY、六種基礎彩妝解析！

玩美達人—劉培華的六大玩美遊戲：
一、時尚態度遊戲 二、彩妝PARTY遊戲 三、千變造型遊戲
四、水嫩保養遊戲 五、基礎彩妝遊戲 六、大師彩妝遊戲
美麗來自真實個人的特質與自信色彩起源身邊不絕的樂趣與愛心

完美女人

作者/何莉秀
書系/藝人製造b01042
價格/289

向上帝要回妳沒給妳的！
身為女人的妳還在等什麼？！
韓國知名人工變性美女—「地球上最美麗的人種」河莉秀獨家首創8大科技美容塑身主義，讓妳勇敢挑戰上帝！完美女人挑戰上帝宣言！
貫徹四大科技美容主義：美顏、秀髮、亮眼、靚唇
擁抱四大科技塑身主義：美體、手護、麗足、擁膚
沒有不美的女人，只有懶惰的女人！

賀 狂銷2萬本!

全國首創精算系美容書隆重登場！
麗顏美女邱琦雯的美麗新法則
美容秘方與保養寫真大公開！
全臉保養，一次掌握！

新美顏進化論：
◆熨平妳的細紋 ◆抑止妳的出油
◆消除你的暗沈 ◆擺平妳的敏感膚質

獨家美顏用品採購精算表，開架、專櫃、沙龍、高階美容商品等四大專區採購法強力放送！
不用花大錢，妳也可以享受高檔美容快感！
每週只需500元 顏部 保養、美容、彩妝 一氣呵成！

琦蹟美容

作者/邱琦雯
書系/藝人製造b01047
價格/289

熟女系/全身美容書隆重登場！
由大成報年度美容專欄作家、美容達人堂德惠，沒有異於常人的誇誇其談、不切實際的美容方法！
並搶先獨步解析2006年全身性美容的新概念！
章節式的解析頭皮與頭髮保養，臉部肌膚防曬與美白，進而雕塑臉型…等美人秘方。
帶領熟女軍團，搶救美貌大作戰！

全身美容大作戰

作者/堂德惠
書系/藝人製造b01043
價格/289

BEST SALES

百分魔體雙人瑜珈

作者／黃仲崑&LuLu
書系／藝人製造B01008
價格／269

演藝圈藝人黃仲崑與瑜珈老師LuLu，為您呈現其精心設計的「百分魔體雙人瑜珈」！
帶領您學習與情人互動、瞭解自己與另一半在身體與心靈相異之感，
百分魔體雙人瑜珈將讓大家感受您與您的另一半，雙方達到身體和諧、性愛能量提升與心靈契合的不可思議！

除此之外，雙人瑜珈還能減輕壓力、修飾身體線條、促進新陳代謝…等等，說不玩的种奇功效，就等您來一一體驗神奇的魔力！

百分魔體28生理瑜珈

作者／LuLu
書系／藝人製造B01017
價格／269

女生的生理週期分成四個階段，在「百分魔體28生理瑜珈」裡，每個階段都有不同的瑜珈動作，舒緩妳生理期的困擾，也讓非生理期的妳，擁有亮麗的好臉色，讓妳作一個健康的瑜珈達人！

本書將女性生理週期詳細劃分，LuLu老師為妳設計一套瑜珈練習週期如何減輕疼痛？如何調養生理狀態？如何搭配其他飲食與自我按摩法？
「百分魔體28生理瑜珈」裡將有完整介紹！

劉序浩格鬥健身術一 總合格鬥篇

作者／劉序浩
書系／專家製造 b02023
價格／289元

從初學者（白帶）到成為「格鬥家」的路上，必定是流血流汗的，就如同散打格鬥中，咖啡帶的意義一汗和血的累積；黑帶的意義一汗和血的凝固般，時間花在哪裡、成就就在哪裡。本書介紹的技法是筆者練習、對打、比賽、教學和遠征世界各地超過兩萬次實戰對抗當中技術和經驗的總成。同時是「散打搏擊格鬥術」混合應用的典範。

劉序浩格鬥健身術- 寢技格鬥篇

作者／劉序浩
書系／專家製造 b02032
價格／289

* 超完美關節技（寢技）力道展示！
* 劉師傅獨家密技圖庫全公開！

集裟裟固定、三角固定、十字固定、勒頸鎖技……等地板寢技摘拿之大成！
實感體驗…「W.W.E職業摔角」…震撼寢技法！
25招基礎寢技固定法+4大反制解除法+5種高級寢技格鬥固定術！

百分關節瑜珈氣功

作者／趙美芳；趙心如
書系／專家製造 b02022
價格／289元

本書以瑜珈奶奶自行學習的瑜珈氣功來醫治女兒的感人故事為〝經〞，過程中的瑜珈氣功技術為〝緯〞，加上當時瑜珈奶奶與女兒的對話書信，交織成特別的〝故事工具書〞。

本書將教導現代人，如何藉由簡單的瑜珈氣功，以及按摩、中藥、食療等方法，來達到強筋健骨以外，更能避免或化解許多關節的毛病。

柏室科藝官網http://www.bothtechart.com.tw加入會員可定期收到本公司最新的出版資訊及記者會、簽書會等活動的最新訊息！還有針對會員不定期舉辦專屬書展，享受柏室科藝會員獨享折扣與待遇。

百分魔體游泳術

作者／吳念平
書系／專家製造B02016
價格／289

• 2004年雅典奧運國手吳念平親身指導,最專業游泳寫真書!
• n項熱身運動與基礎動作分解,讓你越游越專業!
• m項游泳技巧與姿勢自我矯正,讓你越游越俐落!
• 性感20項體力鍛鍊與身材塑形要點,讓你越游越性感!
• 無論是蝶式、蛙式、仰式、自由式,這個夏天,一定要你下水!

吳念平游泳教學DVD!同步推出!

全書系均於各大書局熱賣中!!

Friends の健身房

作者／YUKI、郭定文、謝易穎＆柏室編輯部
書系／藝人製造 b01031
價格／289

• 年輕男人專屬的健身房私密對話。
• 解析YUKI、小穎、定文最男人的性格與臉龐!
• 精彩幕後花絮壓軸送出。

從進健身房預備動作、健身器材使用方式,到「健身房把妹術」精髓—
在家偷練好身材!
三大要素完全攻略。不只結實肌肉,更增長知識!
掌握內外兼修,把妹無往不利!
本書內容就三部分,剖析基礎健身須知,心肺訓練、重量訓練、個人弱
點強化…為多數仍在猶豫是否加入健身房的族群作初步介紹。

百分魔體雙人功夫

作者／李卓恩、徐尚懿
書系／藝人製造B01017
價格／269

學瑜珈不如學功夫!!
是歷年來武術進化史的結晶,集合了泰
國拳、柔術、角力、菲律賓刀以及跆拳
道的武術想藉解功夫的你絕對不可錯
過!

「百分魔體雙人功夫」分成上段、中
段、下段、全身四個部位,有系統的教
你學習不同部位的「綜合武術」。

同時,百分魔體指劃幫助你瞭解自己的
身材狀況,在學習功夫的同時,既可瘦
身、也可健身,讓你擁有超完美比例的
「百分魔體」!

百分魔體瑜伽

作者／楊麗菁
書系／藝人製造B01001
價格／269

知名武打女星,瑜伽新銳美女教師楊麗
菁!
百分魔體瘦身問題與魔體瘦身絕招大公
開!
萬芳醫院邱發杰醫的專業推薦!

本書讓身體區區分為「上段」、「中
段」、「下段」三大部位
並逐步瞭解各區塊瑜伽動作與姿勢,搭
配豐富精細的示範圖片,使身心達到完
全平衡!

另外,搭配「手指按摩技法」、「麗菁
青春配方養生飲食」讓你真正體會魔體
瑜伽之術!

百分魔體肚皮舞

作者／李宛儒
書系／專家製造B02001
價格／269

肚皮舞專家李宛儒老師!
四歲開始習舞,從中國武術舞蹈、民俗
舞蹈一路學到芭蕾舞、現代舞,十多年
的舞蹈經驗讓她擁有繽紛炫麗的記憶。

本書區分為「基本」、「進階」兩大學
習區塊從暖身開始,頭、頸、肩…上半
身各部位以至下半身的臀、腿等細節,
逐一解析。

並更深入於各種進階舞姿學習,挺胸
舞、進貢舞、開宴舞、獻媚舞、瀑布舞
…等配合分解圖及圖說,完全攻略!

柏室科藝官網http://www.bothtechart.com.tw加入會員可定期收到本公司最新的出版資訊及記者會、簽書會等活動的最新訊息!
還有針對會員不定期舉辦專屬書展,享受柏室科藝會員獨享折扣與待遇。

外星人中繼站

作者／江晃榮
書系／文化製造B03020
價格／299

- 史上最大量外星人與幽浮照片，帶你一起探索全球關切的外星人之謎！
- 揭露幽浮的各種類型與飛行原理、被封鎖的外星人情報、火星上的外星人基地、未解的地球遺跡與古文明！
- 30年精心研究、兩萬餘張外星人相關驚異圖片精選而出珍貴影像為您一次收錄！

外星人懸謎一未來進行式

作者／江晃榮
書系／文化製造b03017
價格／299

台灣UFO及外星人研究鼻祖、中華UFO科學學會理事長、全球最大UFO研究團體（MUFON）台灣代表／江晃榮博士卅年精心研究、兩萬餘張外星人相關驚異圖片精選而出珍貴影像為您一次收錄！

消失的35分鐘

作者／畦淞平
書系／生活製造B02038
價格／300

地球人請注意！
全世界地球人必修的　畦淞平人文旅遊
新四書台灣首席古文明探險家　畦淞平20年遍遊世界160餘國最新力作！

畦淞平獨步全球古文明的傳奇經歷首次完整公開，尤其是他體內疑被植入的外星AI管線……

40000件收藏媲美博物館，3000小時記錄片超越電視台完全濃縮在——「消失的35分鐘」

幸福偏差值

作者／森田呆子
書系／e識流小說B08007
價格／199

事情就這樣發生了…
幸福對於我而言，究竟是被安放於什麼樣的位置上，渴切或者只是需要，或根本未曾有過？他站在我心裡的什麼位置，而另一個他呢？我又分別被他們如何地看待？

- e識流小說系列　2006第一主打
- 網路點集閱讀率超過380萬人次，出版有《替身情人》、《黑夜輓歌》、《顛覆愛情》、《我可以愛妳嗎，弟弟》等暢銷10書，大炳《LOVE MOTEL》之LOVE小說特約作家，都會愛情操盤手——森田呆子，最新強勢作品…

單字FUN輕鬆

作者／張哲嘉
書系／專家製造B02046
價格／299

近10萬人訂閱PCHOME網路電子報作者一張哲嘉

英文達人傳授一身絕活，多年、多媒體的教學經驗，讓你輕鬆旁通熟記單字！
輕鬆有趣的生活單字在這裡一應俱全，學英文可以現學現賣！
再度引發網民英文學習浪潮！

「哈拉電腦」、「朝九晚五上班去」、「手機大開講」、「閒話家常」、「社會萬花筒」、
「身體好自在」、「鈔票滿天飛」…
2006年時尚熱火的流行話題，用英文告訴您！

創漫大亂鬥一過激愛取本

作者／創意漫畫大亂鬥
書系／e識流小說B08004
價格／119

KUSO界的王道！台灣出版界的創舉！
國內知名惡搞漫畫網再度結成「出集」！
繼《創漫大亂鬥》第一集精彩打響知名度後一繼續由站長宗成帶領創意漫畫大亂鬥站內高手網友心血結晶，再推的六大短篇18禁漫畫強打！
不論是全新動物紀錄片「零犬來吸」；還是低調惡搞的「新世紀橫櫚西施」…完全顛覆你對漫畫創意的觀點，絕對讓你大呼過癮！

柏室科藝官網http://www.bothtechart.com.tw加入會員可定期收到本公司最新的出版資訊及記者會、簽書會等活動的最新訊息！
還有針對會員不定期舉辦專屬書展，享受柏室科藝會員獨享折扣與待遇。

六十週年台灣光復總回顧！
台灣前所未見，中國大陸南京官方機密文件、照片首度曝光！
屬於台灣島的近代血淚史記！
四百餘幅珍貴機密檔案，精彩史料圖庫完整呈現！

- 日軍侵台，殘暴史錄
- 島民抗爭，烽煙四起
- 霧社事件，血祭粗靈
- 八年抗戰，命運乖桀
- 光復始至，黎明降臨

為生存而戰的先住民，為主權而戰的本島人，為美好明日而戰的台灣。
文與圖的高密度搭配敘述！
台灣人民邁向光明之途全記錄！

臺灣光復紀實

編者／中國第二歷史檔案館
書系／文化製造 b03018
價格／249

筆耕60餘年國寶級作家—王書川、王黛影賢伉儷經典文學作品選集，繼暢銷作《落拓江湖》《府城物語》之後兩位年逾七十的作家，攜手走過半個多世紀的作家生涯。
將彼此情感寄於文字之中，真摯地訴說現世，在文字的國度絢爛飛舞！
完整收錄文壇上最頂點、也最屹立不搖的長青夫妻輝煌作品。

蝴蝶雙飛

作者／王書川、王黛影
書系／文化製造 b03016
價格／249

細讀張愛玲

作者：張盛寅
書系：文化製造 b03014
價格：360

- 擺脫多餘的側寫與傳奇面具，帶您一窺最真實的張愛玲。
- 看張愛玲的情感世界如何走向孤獨終老的晚年。

八大胡同的故事

作者：張金起
書系：文化構成bc03001
價格：360

記錄中國近代傳奇風月場所的街道——北京「八大胡同」來龍去脈！

- 近500張古今紅燈區、妓院珍貴照片。
- 八大胡同妓院等級與組織成員全公開。
- 慘無人道的虐妓手法與人口販賣惡行記錄。
- 特別附錄：中國四大名妓的故事、八大胡同區域圖、簡介與古今路名對照。

蔣家五兄弟

作者：賈應泰
書系：文化製造 b03012
價格：360元

- 超過七、八十張蔣家鮮為人知的家族照片大公開！
- 蔣氏神秘的家族面紗首次揭露！
- 蔣家政權的皇朝步向衰敗之途又是如何的曲折迂迴？！

柏室科藝官網http://www.bothtechart.com.tw加入會員可定期收到本公司最新的出版資訊及記者、簽書會等活動的最新訊息！
還有針對會員不定期舉辦專屬書展，享受柏室科藝會員獨享折扣與待遇。

民族融合系列系列～

女相

作者／梁慶富
書系／藝術製造b05002
定價／3800

國際雕刻大師 朱銘：

「梁慶富畫人體的功力，已經達到國外超級大師的階段！」

* 超越400幅！20年裸女畫作選自最精華收錄！
* 藝術家的眼光裡，女體的表相一層層溶解。
* 在雕刻家與畫家的深層對話中，真正的女相已破繭而出。

台灣縱貫鐵道

作者／西川滿　譯者／黃玉燕
書系／文化製造b03004
定價／220

* 殖民時期的在台日人三大長篇小說巨著之一！
* 一部帶有浪漫色彩的寫實小說！
* 附有五十幾幀珍貴的圖片！

故事從甲午戰爭結束，領臺的日本軍艦抵達基隆外海寫起，寫到日軍最高指揮官，北白川宮能久親王於十月二十八日在台南病逝，五個月間，日本如何與抗日臺灣人交戰而平定的過程為經；所到的地方民情典故之介紹，及草創期的鐵路建設秘錄為緯，交織成波瀾一大畫卷。

日系血統的臺灣文學！
寫實主義的昨日烏托邦

「將近三十年備嘗辛酸的甘蔗農業經驗，在身體裡鍛鍊的對炎熱的太陽和瘧疾的抵抗力，儘管這是獲得了可貴的收穫，但一樣的土地，從草創時以來同樣的工作重複著。

這是無可奈何的工作，不加任何一種新事物的相同過程，不，這可以說是不進而退了。」

南方移民村

作者／濱田隼雄
書系／文化製造b03002
定價／220

書中描述女主角林慧如，從殖民時期之台灣社會，經歷了支那事變（中日戰爭）、第二次世界大戰至終戰，然後台灣回歸了中華民國，卻目睹228事變、白色恐怖等慘狀不勝驚悚、憤懣。

且看故事中裡悲哀中的台灣女性，如何奮鬥努力！

府城物語

作者／王家影
書系／文化製造b03001
定價／220

全書系均於各大書局熱賣中！！

柏室科藝官網http://www.bothtechart.com.tw加入會員可定期收到本公司最新的出版資訊及記者會、簽書會等活動的最新訊息！
還有針對會員不定期舉辦專屬書展，享受柏室科藝會員獨享折扣與待遇。

SHOW GIRL 101

作者／錢珮綾
書系／專家製造B02048

- SHOW GIRL完全養成術！女孩的圓夢專書！
- 獨家收錄：101種ＳHOW GIRL精選圖鑑！

風塵三俠之紅拂女

作者／第一媒體控股有限公司
書系／藝人製造B01053

- 金馬影后　舒淇　首部電視劇作品！
- 集合霍建華、于榮光、江華、姚采穎、鄭則士、李俊鋒、賈乃亮、龐庸之、侯勇…兩岸三地知名演員，共同演出！
- 超值附贈：幕後花絮精彩報導！

保聖寺名家考

作者／王稼句
書系／文化製造B03021

本書輯集保聖寺相關典藏圖片百餘幅與豐富古籍文獻，特別是關於塑像與塑壁方面的材料，以作為深度認識與研究這一個重要文化遺產的參考書。

麗人行

作者／卓影
書系／文化製造B03022

「媛」，就其字面意義解釋為美女的意思，並沒有注明未婚已婚或者是年齡上的界線，待到在「媛」前面加上一個「名」字，那麼這樣的定義也許是最貼切的：「她們是淑女中的淑女，女人精華中的精華。」

鬼王聖經7

作者／陳為民
書系／藝人製造B01050

- 人界的恐慌，陰陽兩道相逼，血壓高漲，靈異指數攀升…
- 感受你的無能，體驗最驚駭的市井離奇恐怖事件！！

柏室科藝官網http://www.bothtechart.com.tw加入會員可定期收到本公司最新的出版資訊及記者會、簽書會等活動的最新訊息！
還有針對會員不定期舉辦專屬書展，享受柏室科藝會員獨享折扣與待遇。

藝人製造

書系編號	書名	作者	定價
b01001	百分魔體瑜珈	楊麗菁	269
b01002	旅遊保養美人書	胡晴雯	269
b01003	重點快瘦美人書	侯湘婷	269
b01004	E.D.S.享樂減肥術	劉爾金	269
b01005	我在明星身邊的日子	胡景評	219
b01006	流行日語教室	葛西健二	249
b01007	愛在星光燦爛時	柏室編輯部	269
b01008	百分魔體雙人瑜珈	黃仲崑、LuLu	269
b01009	關mic夜未眠	傅薇	219
b01011	溫泉鄉的吉他	黃品源、柏室編輯部	289
b01012	衣系魔法美人書	丁小芹	269
b01013	終極西門	導演／王毓雅	269
b01014	愛情食譜	孫興、林美貞	269
b01015	保養革命美人書	小林麻美	289
b01016	香水賞味誌	徐尚懿	99
b01017	百分魔體雙人功夫	李卓恩、徐尚懿	269
b01018	御貓魔法術	丁小芹	289
b01019	ㄅㄆㄇ遊日本	佐藤麻衣	289
b01020	生子食譜	侯昌明、曾雅蘭、柏室編輯部	289
b01021	釀愛	霍建華	360
b01022	鬼王聖經1	陳為民	220
b01023	輕鬆致富	彭偉華	289
b01024	戀人	宇晴電影股份有限公司	289
b01026	夢‧遊趣	徐尚懿	249
b01027	葛西健二的搞笑打破僵局	葛西健二	289
b01029	明星三度窺祕	窺祕小組	269
b01031	Friends の 健身房	YUKI、郭定文、謝易穎＆柏室編輯部	289
b01032	經典「鞋」奏曲	文字：彭博勗；攝影：何潤東	289
b01033	鬼王聖經2	陳為民	220
b01034	蘋果姊姊ㄩㄟ兒記	蘋果姊姊	250
b01035	Love Motel	大炳	289
b01036	鬼王聖經3	陳為民	220
b01037	鬼王聖經4	陳為民	220
b01038	鬼王聖經5	陳為民	220
b01039	PARTY QUEEN	楚瑾	289
b01040	鬼王聖經6	陳為民	220
b01042	完美女人	何莉秀	289
b01043	全身美容大作戰	堂德惠	289
b01045	魔胸upup美人書	唐林	289
b01046	凱渥星模星力2006	凱渥實業股份有限公司	299
b01047	琦躓美容	邱琦雯	289
b01051	陽光‧沙灘‧塞班島	艾迪昇傳播事業有限公司	220
b02034	名模養成的十二堂課	倪雅倫	289

專家製造

文化製造

書系編號	書名	作者	定價
b03001	府城物語	王黛影	220
b03002	南方移民村	濱田隼雄 著；黃玉燕 譯	220
b03003	重返刑案現場	高大成、既晴	320
b03004	台灣縱貫鐵道	西川滿 著；黃玉燕 譯	250
b03005	臥底記者	石野	360
b03006	性愛進化史	劉達臨	499
b03007	RxC檔案	馬克戈萬	299
b03008	同性戀性史	劉達臨、魯龍光 主編	499
b03009	禽獸X臭婊子紀實	記述 康素珍；編著 李書宇	249
b03010	冷鋒孤狼	馬季	249
b03012	蔣家五兄弟	竇應泰	360
b03011	現代戲劇論集	顧乃春	350
b03014	細讀張愛玲	張盛寅	360
b03016	蝴蝶雙飛	王黛影、王書川	249
b03017	外星人懸謎-未來進行式	江晃榮	299
b03018	台灣光復紀實	中國第二歷史檔案館	249

Livinfo

書系編號	書名	作者	定價
b04001	抗曬美白大作戰	柏室編輯部	99
b04002	東京血拼99	柏室編輯部	99
b04003	夏日沐浴保養	柏室編輯部	99
b04005	居家SPA指南	柏室編輯部	99
b04006	結婚完全指南	柏室編輯部	99
b04007	完全貸款指南	柏室編輯部	99
b04010	時尚OL一週衣著搭配	柏室編輯部	99
b04012	換季保濕大作戰	柏室編輯部	99
b04013	年前貸款指南	柏室編輯部	99
b04017	全方位貸款情報	柏室編輯部	289
b04018	四季養生大全	柏室編輯部	289

藝術製造

書系編號	書名		作者		定價
b05001	鳳凰來儀楊英風紙上雕塑展		楊英風		350
b05002	女相		梁慶富		3800

虎穴秘密客

書系編號	書名		作者		定價
b06001	情色失禁		翁世恆		220
b06002	暴力失禁		翁世恆		220
b06003	記者遺書		石野		360
b06004	逃		石投		220
b06005	網路失禁		翁世恆		220
b06006	殺戮戰場-台北101		于明濤		250

e議流小說

書系編號	書名		作者		定價
b08001	少年查必良傷人事件		李海洋		199
b08003	創漫大亂鬥		創意漫畫大亂鬥		119

柏妝行銷書系

書系編號	書名		作者		定價
bc01001	明星窺祕		窺祕小組		269
bc01002	我們都是這樣長大的		Fantasy4.柏妝編輯部		299
bc03001	八大胡同的故事		張金起		360
bc04001	美胸升級大作戰		柏妝編輯部		99
bc01003	明星再窺祕		窺祕小組		269
bc01005	神鬼秦報		秦偉		289

日本清酒的滑順清澈

即將發生在你臉上

從電解離子水得到的靈感
IQ Mediral
具有皮膚電位修護能力的全效保養品

由日本清酒
獲得靈感而開發出的多效保養品

中嶋英雄是日本慶應大學醫院整型外科助教，他曾經獲得許多論文獎，有一天到一間小居酒屋喝酒，對於它清酒滑順的口感十分驚訝，探究原因的結果，原來是老闆使用了「電解離子水」，據老闆說因為電解離子水具有還原電位的關係，煮出來的飯與菜特別好吃，就連泡出來

的茶也特別香，因此當然可以釀出口感滑順的酒。 身為整型外科助教的中嶋，開始想像這樣的原理能否用在保養品上，最後創造出了一組使用極為簡便的多效保養品，也就是得到日本厚生省認可，更獲得數十家日本媒體報導的IQ Mediral。

只要兩個步驟
便能達到五項夢寐以求的效果

IQ Medical包含一塊白金菁華洗面皂，與一罐白金美容液，因此每天只要簡單兩個步驟便可輕鬆完成必要的保養程序。而IQ Medical重要成分包含了膠原蛋白、玻尿酸、蜂王漿、精油、甜菜寡糖素等，使得它能同時達到五種保養功效，使用一組IQ Medical便能取代大部分的洗面乳、化妝水、美容液、美白液、乳液，並能配合大多數膚質，是運用高科技所開發出來的思考型保養品。

從清酒得到的靈感
讓中嶋發展出能讓肌膚滑順清澈的保養品

★ 每天只要兩個步驟就能作好保養

應用奈米技術製成的
白金微粒子以電位屏障肌膚

肌膚細胞一受損傷，正常電位平衡一旦被瓦解，就容易引發肌膚問題。IQ Medical內含應用奈米技術所創造的「白金微粒子」，能調整肌膚電位平衡，降低肌膚問題發生的可能，並能同時補給適當的美容液成分到一般美容液無法送達的角質層深處，IQ Medical成分中不含香料、染色劑、防腐劑、及礦物油，因此對肌膚較為溫和，且具較低的刺激性，所以不容易受每天都在變化的膚質影響，因此適合大多數的肌膚使用。

IQ MEDIRAL *viva*

2006年1月起，晚上8：30～10：00 在VIVA TV 59頻道 獨家首播

柏室人＝新出版人＝聰明・簡單・獨立

smart · simple · independen

假如你是一個聰明·簡單·獨立的人

2006年起，柏室期待你攜著熱忱與自信，與我們一同展望！

歡迎你加入責編與美編的行列——
敬請來電 柏室科藝（02）2722—2230分機106管理部

閱聽柏室，廣博見識

文化製造b03022

· 書名：麗人行
· 作者—卓影
· 發行人—王翎芳
　總經理—王翎芳
　副總經理—徐堯鵬
　協理—郭沛澄
　視覺創意部總監—王珮瑩
　視覺創意部主任—蔣志誠
　出版部編輯主任—劉雅芳
　出版部企劃副主任—王傳勝
　出版部編輯副主任—劉家魁
　出版部編輯—董秉哲
　公關部專員—李俊淇
　業務部主任—趙偉文
　會計—李雅惠
　出納—張怡瑄

· 製作群
　責任編輯：劉雅芳
　封面設計：蔣志誠
　美術設計：yamanashi
· 製版印刷—名鴻印製企業有限公司
· 2006年02月初版一刷
　定價—260元
· 總經銷—農學股份有限公司
　金石堂經銷—啟宏文化事業有限公司
· 本書保留所有權利，
　欲利用本書全部內容或部分內容者，
　須先徵求柏室科技藝術股份有限公司同意或書面授權
　請洽柏室科技藝術股份有限公司出版部
　（電話：02-2722-2230#134）
· 法律顧問：萬國法律事務所

· 出版發行—🅱柏室科技藝術股份有限公司
　地址—台北市忠孝東路四段512號10樓之4
　聯絡電話—02-2722-2230《代表號》
　傳真—02-2723-4394
　網址—http://www.bothtechart.com.tw
　電子信箱—service@bothtechart.com.tw
· 創意統籌—🅱柏室科技藝術股份有限公司

麗人行／卓影著. -- 初版. --
臺北市：柏室科技藝術, 2006[民95]
　面；公分. --(文化製造：b 03022)
ISBN 986-7110-44-7(平裝)
1.上海市-人文 2.上海市-社會生活與風俗
672.19/201.4　　95001924

寄件人：_____

地址：□□□ _____

_____

 柏室科技藝術 股份有限公司 啟

110 台北市信義區忠孝東路四段512號10樓之4

☞ 請對折裝訂，免貼郵票，直接投入郵筒寄回即可

 讀者回函卡 謝謝您購買我們出版的書籍！請您費心填寫此回函卡，
我們將不定期寄上柏室最新的出版資訊

：_____

：□男 □女 生日： 年 月 日

：□□□ _____

_____

電話：_____

：_____

il：_____

：_____

您從何種方式得知本書消息？
_____

您通常以何種方式購書？
_____

您喜歡閱讀哪些類別的書籍？
_____

您購買的書名稱是？您最喜歡一部份：
_____

您寶貴的意見：
_____

您希望哪些藝人或作者在柏室出書？
_____